ちくま新書

『論語』がわかれば日本がわかる

守屋 淳
Moriya Atsushi

1474

『論語』がわかれば日本がわかる【目次】

まえがき

†われわれは何に縛られているのか

初《しょ》っ端《ぱな》からこの本のテーマを書いてしまいますと、「多くの日本人を無意識に縛っている常識や価値観とは何か」の探究に他なりません。ちょっと抽象的なので、具体例をあげてみましょう。

● 日本人が好むコンピューターゲームの形は、たとえば五人の参加者がいた場合、その五人でチームを作って、強大な敵を倒しに行くようなゲーム。
アメリカ人の好むゲームの形は、五人の参加者がバトルロイヤルでお互いに殺し合いをして、一人の勝ち残りを決めるようなゲーム(1)。

● 日本企業が何か問題を起こしたときに、誠意を見せることの意味とは、

「事情が判明していなくても、まずは謝罪すること」

アメリカ企業の場合、

「まずはきちんと原因究明をし、対策を立てること」


いずれも「日本人あるある」「日米の違いあるある」といった話ですが、なぜこうなるのかには共通の土台がある、というのが本書の主題なのです。

もちろん人間は、個々を見れば性格も趣味嗜好《しこう》もまったく違うのが普通の姿。しかし、大きな傾向からいえば、われわれ日本人はある特徴的な「日本人らしい」行動様式を往々にしてとってしまいがち。これは単なる印象論ではなく、特に日本とアメリカを対象とした社会学や心理学、教育学の比較調査の結果からも明らかになっている事実です。

では、こうした「日本人らしさ」「日本人あるある」の特徴はどこから来るのか――その理由を、日米比較などの調査研究の結果と、中国の古典『論語』や、そこから派生した儒教の価値観とを紐《ひも》づけつつ解き明かしてみよう、というのが本書の狙いに他なりません。

しかし、いきなりこのように書かれても、不思議に思われる方もいらっしゃるかもしれません。

「自分も周りの人間も『論語』なんか読んでいないし、この情報化の時代に、そんな古臭い価値観の影響なんて受けてないよ」

実際、二〇年ほど前に筆者が書店員だったとき、アルバイトの大学生が『論語』の解説書を、「中国思想」ではなく「論理学」の棚に配架していました。そして、これがおそらく一般的な感覚なのでしょう。

にもかかわらず、読んだことのないはずの『論語』の価値観を、少なくない日本人が今もなお、なぜ無意識のうちに共有しているのでしょうか？

†論語濃度

本書では、この点を次の二つの事象に注目しつつ、解き明かしたいと考えています。それが日本の「学校」と「会社や官公庁などの組織」、それぞれの価値観なのです。

そもそもの話、「日本人らしさ」や「アメリカ人らしさ」といった「らしさ」は一体どこで形作られるのでしょうか。

心理人類学者の箕浦康子《みのうらやすこ》先生の研究によれば、遅くとも一四・一五歳までにどのような文化や環境に置かれていたかが、その人の文化的背景、つまり「〇〇人らしさ」を形作る決定的な要因となるそうなのです。(2) そして、そのような文化の刷り込みがなされる代表的な場の一つが幼児・小学校教育。

さらに社会人になり、伝統的な企業や官公庁などの組織に所属すると、その組織風土が、子供のころに刷り込まれた価値観を強化していきます。

こうした「教育」と「組織」の文化のなかに、江戸時代より現代までずっと根を下ろし続けているのが『論語』や儒教の教えでした。より正確に表現するなら、まずベースとして、日本の生活環境や社会環境から育まれた何らかの価値観、ないしは時々の為政者《いせいしゃ》たちが定着させたいと考えていた価値観があり、『論語』や儒教の教えが、それを強化する形で外から導入されて、もとの価値と分かちがたく結びついていったのです。

ただし現代においては、こうした刷り込みの度合いというのは世代や地域、また家庭環境によっても大きく異なります。ですからその影響度は、一律というより、「濃度」の問題と考えるとわかりやすいかもしれません。やたら「論語濃度」が濃い人もいれば、比較的薄い人もいるのです。

こうした観点からいえば、本書の意義は次のように想定されます。

まず「論語濃度」が薄い人にとっては、

「うちの上司や両親の言動、まったく理解できなかったけど、これが理由だったのか」

といったように、「論語濃度」の濃い人の行動様式を理解するためのもの。

逆に濃い人にとっては、自分を無意識に縛っている常識や価値観とは何かを知るための

もの。つまり、

「うわ、自分にとって『あるある』の話だよ、これは。しかもこんな理由があったんだ」と気づくためのもの。これによって、自分を無意識に縛るものを知り、自分を自由にすることができるのです。

†日本の組織が持つ無意識のクセ

会社などの組織の場合も、個人と同様に「論語濃度」には濃淡の差がかなりあります。

ただし、特に伝統ある企業では「論語濃度」が高めのところが今なお少なくありません。

そして、そんな企業のなかには、こうした価値観からの脱却こそ早急のテーマと考えているところが存在します。

二〇一九年、社員に対する年頭の挨拶《あいさつ》で、トヨタの豊田《とよだ》章夫《あきお》社長は社員たちの前でこう述べました。

「自ら行動する人よりも、管理する人。一芸に秀でる人よりも、欠点の少ない人。スキルよりも年次。こうした、いつの間にかトヨタに根づいてしまった価値観ではなく……」

ここで否定的に述べられている要素は、実はすべて『論語』や儒教の価値観と関係の深いものばかり。

●管理する人、欠点の少ない人――君子（地位や徳のある立派な人）
●年次――長幼の序《ちょうようじょ》

ひらたくいえば、トヨタは『論語』的な価値観を重視しすぎる社内の傾向を是正したいと考えている、と解釈できる発言なのです。

ただし、『論語』や儒教の価値観は、それ自体すべてダメとはもちろんいえません。正確にいえば、『論語』や儒教の教えとて、人の作ったものである以上、いい面もあるし、悪い面も当然あります。そのうち、いい面に関しては、ぜひとも現代人が取り入れるべきだ――そんな風に考えて、筆者は『論語』に関する本を書いてもきました。

しかし現代において、特に会社などの組織では『論語』や儒教の価値観が持つ問題点の露呈によって、組織がおかしくなっている事例が散見されます。

しかもこうした問題点の露呈は、歴史を見るかぎり定期的に繰り返されてもいます。太平洋戦争中の旧日本軍の組織的な失敗がその典型例。無意識に刷り込まれた価値観が同じであるがゆえの繰り返しなのです。

ですから、その根底にある価値観の問題が自覚されない限り、おそらく今後五〇年、一〇〇年たっても日本では似たような「日本企業失敗の研究」「日本経済失敗の研究」のような本が出版され、同じような理由が列挙されていくでしょう。

しかし、これも前の話と同じで、日本人が持つ「無意識のクセ」は、外部から指摘されれば「自分はそんなクセがあるんだ」と理解し、その対処を考え、進むべき道を再選択することができるのです。すなわち、

- 同じものをそのまま選び直す
- 同じものを、問題点を改善しつつ、選び直す
- 全然別の道を選ぶ

といった新たな方向づけが可能になります。トヨタの事例ではありませんが、特に日本の大企業などの組織において『論語』的な価値観が問題視され始めた昨今、こうした自覚は重要なことだと筆者は考えています。

さて、本文に入る前に、ここではいくつかの前置きを入れておきたいと思います。

本書は、先ほども触れたように多くの教育学や社会学、心理学の研究成果を引用しています。紙幅《しふく》の関係で、個々の研究や調査の詳細については踏み込みませんが、どれも「日本人らしさ」を考える上で非常に有益な内容が述べられています。

特にアメリカと日本との教育比較は、一般にはあまり知られていないジャンルですが、お互いの文化がかなり対照的であるがゆえに各々の特徴を明確に描いていて、とても示唆的です。ご興味をもたれた方はぜひご一読をお勧めします。

また、本書は『現代語訳 論語と算盤』『アミオ訳 孫子』に引き続いて筑摩書房の増田健史取締役に編集を担当して頂きました。さらに、内容に関しましては、以下の方々のご指導やご協力あってはじめて完成したものです。記して心よりの感謝とさせて頂きます(敬称略、五十音順)。相澤利彦、青井正子、レイ・アブラハム、伊藤大輔、井上潤、岡本愛加、小城武彦、木村昌人、久保昌央、栗田健司、渋澤健、島津昭司、荘司雅彦、竹内明日香、田中靖浩、谷崎秋彦、常木一成、常木富美子、照井勝、徳川家広、仲山進也、二宮明仁、ジェームズ・M・バーダマン、萩野源次郎、福島良典、藤井清孝、藤本欣伸、星野文美、松岡泰之、三谷宏治、村中大祐、守屋治、守屋まゆみ、八木香、和田洋一。

Ⅰ 『論語』の価値観

第1章 『論語』と孔子の教えについて

†世界の四大聖人の一人として

この章では、『論語』や孔子について、第2章以降とかかわる内容を中心にしながらその概略を説明していきます。すでに両者についてご存じの方は、この章を飛ばして頂いてまったく構いません。

まず大きなところから話を始めましょう。

『論語』の主人公ともいうべき孔子（本名は孔丘《こうきゅう》、字《あざな》が仲尼《ちゅうじ》、子は先生の意味）は、「世界の四大聖人」の一人に数えられています。具体的には次の四人です。

●孔子（前五五一〜前四七九）――儒教の始祖

●釈迦（前五六五？～前四八六？　ないし、前四六五？―前三八六？）――仏教の開祖
●ソクラテス（前四七〇？～前三九九）――ギリシア哲学の始祖
●イエス・キリスト（前六ないし前四？～三〇？）――キリスト教の始祖

四人に共通する特徴として、「男性」や「弟子を持っていたこと」の他に、自分では直接、書物を残さなかったことが挙げられます。弟子たちがその教えを記録して、後世に伝えていきました。

『論語』も、その教えがバラバラになってしまうことを恐れた孫弟子や曾孫弟子たちが、手元に残された記録や言い伝えを持ち寄って、その最初期の原型を編集したといわれています。おそらく孔子の死後一〇〇年ほどたってのこと。その原型は何種類かあり、いまわれわれが手にとる形になるまでには、さらに約五〇〇年という長い年月がかかっています。

また、キリスト以外の三人は、活躍した時期が非常に近いことも特徴的です。釈迦の生没年の早い方の説を採れば、孔子と釈迦とは同時代人。ソクラテスも孔子の死後ほどなくして生まれました。

他に孔子の同時代人としては、

●ピタゴラス（前五七二頃～前四九四頃）――数学の祖の一人
●ヘロドトス（前四八五～前四二〇）――歴史の父
●孫武（?～?）――『孫子』の著者（諸説あり）
●李耳《りじ》（?～?）――『老子』の著者（諸説あり）

といったビッグネームが並びます。孔子の活躍した今から約二五〇〇年前は、地球における知の勃興期にあたり、世界各地でさまざまな学術や思想、宗教のもとが芽吹いていきました。

その共通する背景としては、灌漑《かんがい》農業や鉄製農具の普及などにより農業生産性が上がり、直接生産に従事しなくてもいい知識人たちが活躍する余地が生まれたこと。都市国家間や内部の争いのなかで、それを解決したり、超克したりする思想が求められたこと。また、知識人たちの交流が進むなかから、異なる思想のぶつかり合いがおこったことなどが挙げられます。

†さばけたおじさん

さて、そんな時代状況のなかで活躍した孔子には、他の聖人にはないいくつかの特徴がありました。

●政治家として、人を死刑にしたという記録がある[3]（ソクラテスやキリストは逆に自分が死刑になった）。

●子孫をきっちり現代まで残した。現在の孔子家の家系図には、二〇〇万人以上が載っている。

●離婚を経験したという説がある。

●死の瞬間の劇的な記録がない（他の三人は人生のクライマックスとしての死の記録がある）。

他にも、お酒が大好きで、音楽をこよなく愛したという記録も残されています。われわれが孔子と聞くと、何かお堅いイメージを想像してしまいますが、『論語』や歴史書に残されている彼の像は、案外「普通の人」であり「さばけたおじさん」でした。実際『論語』にはこんな一節があります。

◆孔子が言った。「美女を愛するような熱心さで徳の涵養《かんよう》に努めている、そういう人物に私はまだお眼にかかったことはない(4)」

これはちょっと難しく訳してありますが、俗に訳すと次のようになります。

「男ってスケベだよね。そのスケベさくらい徳を愛する奴がいてもよさそうなものだけど、いないいんだよね」

道徳を愛することを、男のスケベさに引っかけて説いた聖人というのは、当たり前ですが他には一人もいません。ただし、これは孔子が、いかに人情の機微に通じているかの表れでもあるのです。

そして、この「さばけたおじさん」の思想は、二千数百年をへた現代の日本にまで大きな影響を及ぼしていきました。

†戦乱が進むなかで

孔子が活躍した春秋時代の末期というのは、大きな時代区分でいえば、周(前一〇四六?~前二五六)という王朝の中ごろに当たります。

この周王朝は、春秋時代がはじまったころには国の数が二百数十ありました。当時の国とは、今のような領域国家ではなく、「邑《ゆう》」と呼ばれた都市国家や、その複数のネットワークのことを意味します。

ところが、戦乱や下剋上《げこくじょう》が激しくなるなかで、周王朝の権威は形だけのものになり、国も次第に淘汰されていきます。

春秋時代になって、「春秋十二列国」という言葉があるように、それなりに強い国は一二に絞られていきました。さらに次の戦国時代になると「戦国の七雄《しちゆう》」、つまり強国は七つまで淘汰されます。そして前二二一年、秦が中国を統一して有名な始皇帝が登場するという流れなのです。

この間、約五五〇年間。日本でいえば、室町時代から今の今に至るまで戦乱が続き、二百数十あった国がたった一つの国に淘汰される、そんな時代状況のど真ん中に孔子はいました。

孔子の思想は、この時代状況を濃厚に反映した面があります。つまり、

「悲惨な戦乱や下剋上がこれ以上進まないようにし、平和で安定した秩序をうち立てるには、一体どうしたらよいのか」

というのが彼の抱いた問題意識だったのです。言葉を換えれば、彼の思想の前提には、

「戦乱状況だからこそ求められた平和な秩序の構築や維持」

という側面があります。

孔子はこうした「秩序の構築や維持」の手本として、まだ比較的うまくいっていた周王朝初期の政治体制を掲げました。特に、その文化・社会制度を設計した周公旦《しゅうこうたん》という政治家を、孔子は心より尊敬します。憧れのあまり、若いころは毎晩、周公旦のことを夢に見ていたほどでした。ところが、年老いてからあまり夢に見なくなってしまい、

◆ああ、私もすっかり気力が衰えてしまった。周公が夢に現れなくなって、もうどれくらいたったことか(5)。

という嘆きの言葉を残しています。周公旦のつくった文化・社会制度の精神にきちんと立ち返れば、再び平和で安定した秩序を取り戻すことができるはずだ、というのが孔子の信念でした。

こうした観点からは、彼の思想のもう一つの前提である、

「過去の良きものにこそ手本があるとする保守主義」

という側面が出てきます。実際、孔子にはこんな言葉があります。

◆孔子が言った。「伝統に立脚して述べるだけで、新しいものは創作しない、これが私

の態度である。なぜなら、伝統のなかにこそ優れたものがあると確信しているからだ(6)」

過去にこそ良きものがある以上、それをきちんと後世に伝えていくことが、私の仕事である。現状に合わせて取捨選択するにせよ、何か新しい制度を創造していくのではない、と言い切っています。

また、下剋上や戦乱をやめさせたいわけですから、基本的に争いごとは避け、礼にもとづく上下関係を土台とした、安定した秩序を良しとします。

◆孔子が言った。「君子は、人と争わないものだ。しいて争う場面をあげれば弓の競技ということになろうか(7)」

◆魯の定公が孔子にたずねた。

「君主が臣下を使い、臣下が君主に仕えるには、それぞれどんな心構えが必要であるか」

孔子が答えた。

「君主は礼をもって臣下に接し、臣下の方は良心をもって仕えることです(8)」

さらに、こうした礼にもとづいた上下関係のなかで、意見や諫言《かんげん》をすべきときはしつつも、最後には協調ができる「和」を貴びました。

◆（弟子の有若《ゆうじゃく》の言葉）「礼には、和の心が通っていなければならない。先王の道が優れていたのも、それがあったればこそだ。だが、和ばかりにこだわっていると、せっかくの礼が生きてこない。和はいかにも大切だが、礼によって折り目をつけなければ、これまたおかしなことになってしまう(9)」

詳しい中身は、第2章以降でおいおい紹介していきますが、こうした、

「戦乱状況だからこそ求められた平和な秩序の構築や維持」

「過去の良きものにこそ手本があるとする保守主義」

さらには、

「礼にもとづいた上下関係のなかでの和の構築」

といった思想の前提や価値観は、そのまま江戸時代以降の日本人やその文化に濃厚に刻印されていきます。

†良き為政者を目指して

では、孔子はどのようにして、自分の政治的な理想を実現しようとしたのでしょうか。当然、今でいう政治家となって、なのですが、残念ながら彼はなかなか政治家になれませんでした。

このため孔子は、私塾を開いて、自分と志を同じくする弟子を育てつつ、政治にかかわる機会を待ち続けました。『論語』にこんな問答があります。

◆孟武伯《もうぶはく》という貴族が、孔子に尋ねた。
「あなたの弟子の子路は、仁を身につけておりますか」

「それはわかりません」

さらに尋ねてきたので、孔子はこう答えた。

「子路は、諸侯国において、軍備の切り盛りをさせることができます。仁のレベルに至っているかどうかはわかりませんが(10)」


そしてほぼ同じ内容の問答が、他の冉有《ぜんゆう》と公西赤《こうせいせき》という弟子についても、繰り返されていきます。

これは一体何を意味するのでしょうか。現代でたとえれば、孟武伯は官公庁の人事担当者。あるとき私立学校の校長であった孔子のもとに来て、こう尋ねます。

「あなたのところの、子路という生徒は、最高の人材なの？　最高の人材なら雇ってあげるよ」

すると孔子はこう答えます。

「最高の人材かどうかはわかりませんが、軍事の才能を持っています。その強みを活かして使って頂ければきっとお役に立ちますよ」

当時、孔子や弟子たちの就職先は、諸侯や有力貴族の家でした。そこで政治家や官僚として国や私邑《しゆう》（私的な領地）を切り盛りするわけです。弟子のなかには、商売や農業に手を染める者もいましたが、『論語』のなかでは「ちょっと変わった人」扱いされています。

孔子は弟子たちを、政治的な同志として育てたいと思っていたのです。

もちろん、孔子自身も政治家になって活躍したいと熱望していました。『論語』には、彼の思いが漏れだしているような問答があります。
◆佛肸《ひっきつ》が中牟《ちゅうぼう》という町に立てこもって叛乱を起こしたとき、孔子を招こうとした。それに孔子は応じようとする。それを見た弟子の子路が、反対した。「〝君子は、自分から進んで悪を働く者には手を貸さない〟と、そう教えてくださったのは先生ではありませんか。佛肸は、中牟を占拠して叛乱を起こした人間です。そんな相手に手を貸してやるとは、はなはだ納得がいきません」

孔子が答えるには、

「たしかにそう言った。だがな、〝ほんとうに堅ければ砥石《といし》にかけても薄くはならぬ、ほんとうに白ければ、いくら染めても黒くはならぬ〟とも言うではないか。まして私は苦瓜などではない。いつまでも見捨てられたままぶら下がっていたくはないのだ」(11)

自分も政治に参加できるという思いに釣られて、ときの叛乱勢力からの招きにさえ、孔子は応じようとしました。「自分は苦瓜ではない」という孔子の言葉は、まさに彼の心の叫びだったのでしょう。

実は、似た問答が、別の公山弗擾《こうざんふつじょう》という叛乱勢力からの誘いのときにも繰り返されています。いずれも弟子の子路が止めてくれたので思いとどまりましたが、もしどちらかに参加していれば、孔子はおそらく歴史に名を残さなかったでしょう。

このような大きな背景があるため、『論語』に残された孔子と弟子との問答の多くは、

「広い意味での政治」や「よき政治家の条件」「上に立つ者の条件」をテーマにしています。『論語』のなかに頻出する「君子」という言葉は、まさしく「弟子たちが手本とすべき良き指導者」の意味で使われているのです。

†解釈だらけの古典

さて、こうした孔子の思想を汲み出すための基本テキストが『論語』なのですが、その読解が一筋縄ではいきません。この点に孔子の思想の魅力と難しさがあります。

先述したように、『論語』の原型は、孔子の孫弟子や曾孫弟子たちが、手元に残されていた断片的な記録を持ち寄って編集したもの。このため、5W1Hがまったくわからないような会話や記録の数々が、雑多に寄せ集められた構成でしかありません。何かを体系的に示してはいないのです。

しかも『論語』は、とにかく記述が簡略であり、文章の解釈の幅が大きいという特徴があります。もともと大本の漢文自体、句読点がなく、日本語のようなテニヲハもなく、受動態と能動態の区別もなく、ある漢字が名詞か動詞かさえわからない場合もあります。しかも複数の意味がある漢字ばかり。

こうなると、後世の学者が孔子の思想を読み取ろうとする場合、何らかの基準や思い入れをもとにしないと、体系だった解釈がとれません。つまり、基準や思い入れの数だけ、解釈もできあがってしまうのです。しかも、それを許す解釈の幅が文章自体に内包されています。

このため後世、莫大な数の解釈書が生まれました。その総数は、確実に数千はあるといわれています。他の聖人たちに関する書物——仏典やバイブル、『ソクラテスの弁明』などにも、もちろん解釈の幅はあるでしょう。しかし、ここまで解釈だらけのテキストは他に存在しません。

一つ例をあげてみましょう。

『論語』に「道」という概念がでてきます。これは孔子の思想の中核部分をあらわす概念のはずなのですが、人によって解釈がかなり異なります。日本人の代表的な三人を見ると——。

江戸時代の伊藤仁斎《じんさい》は、「道」を「人倫日用《じんりんにちよう》の道」と解釈しました。

「人としての道徳を、我々が日常で身にするための道筋」

といった意味です。なぜなら、彼は商家出身であり、われわれ一般人が身に着けるべき道徳の書として『論語』を扱いたかったからなのです。

一方で、同じ江戸時代の荻生徂徠《おぎゅうそらい》は、「道」を「先王の道」と解釈しました。

「**過去の素晴らしい王が定めた統治の道筋**」

といった意味で、具体的には「礼楽刑政《れいがくけいせい》」、つまり儀礼と音楽、刑罰と政治を指します。なぜなら、彼は国を統治するための書として『論語』を扱いたかったからなのです。

実際、彼は五代将軍綱吉の側用人《そばようにん》であった柳沢吉保《よしやす》に仕え、政治に参与しました。元禄時代、赤穂浪士が討ち入りの後に切腹になりましたが、それは荻生徂徠が、吉保に提出した「徂徠《そらい》擬律書《ぎりつしょ》」のなかで、彼らの切腹を主張したからだといわれています。

さらに明治になって「日本資本主義の父」といわれる渋沢栄一も『論語』に関わる本をいくつも上梓しています。そのなかで「道」を、

「**利益を得るための正しい道筋**」

と解釈している箇所があります。なぜなら、彼は『論語』を商業道徳の書として活用したかったからなのです。

みな『論語』を読みたいように読んでいますが、こうした解釈の幅の大きさがあったからこそ、『論語』は今でも読み継がれ、活用され続ける古典として残り続けました。どんな時代でも、おのおのの問題意識を反映した解釈を、そこから汲み出すことができたからです。

さらに孔子の死後、さまざまな思想家たちが孔子の教えをもとにして、独自の思想を展

開していきました。これを総称して儒教といいます。

そこには、「性善説」や「革命思想（ただし今でいう革命というより、下剋上や政権交代の意味に近い）」を唱えた孟子（前三七二？～前二八九？　名は軻《か》、字は子車《ししゃ》、または子輿《しよ》）。さらには諸説ありますが「性悪説」や「後王思想（昔の王ではなく、今の王の定めた制度に従うべし）」を唱えた荀子（前三一三ないし前二九八？～前二三八？　名は況《きょう》ないし卿。おそらく荀という国の公室の子孫であったため孫況ともいう）。時代が下って、宋代に「朱子学」を唱えた朱子（一一三〇～一二〇〇　名は熹《き》）、明代に「陽明学」を開いた王陽明（一四七二～一五二八　名は守仁、号が陽明）など、実に多彩な人や思想が含まれます。

裏を返せばこの状況、後世の人々にとっては「良いとこ採り」「好きなとこ採り」がどんどんしやすくなっていったことを意味します。なにせ自分の使いたい解釈を取捨選択して、都合よく利用するのに足る多様さや、幅広さが目の前に広がっているわけですから――。

この典型が、江戸時代以降の日本でした。

†天道、是か非か

日本に『論語』が入ってきたのは三～五世紀ごろだと推測されています。残念ながら詳細はわかりません。

渡来した後、貴族の基礎教養になりましたが、それ以上の広がりはありませんでした。なぜか。ほぼ同時期に仏教が入ってきたからなのです。仏教は日本人を魅了して、以後、信仰や学術の主柱となりました。

もともと孔子や孟子、荀子などの教えには、一般的な人気を勝ちとるうえでの、大きな障害がありました。それは、個人の理不尽な運命に対する説明の原理を持ちあわせていないこと。たとえば、死に対する孔子の言及はこうです。

◆「死ぬとはどういうことでしょうか」と子路が尋ねた。孔子は答えた。「生きることとの意味さえはかりかねているのだ。まして死の意味などわかりようがないではないか」(12)

さらに、人の不遇な運命や、雨乞いに対する荀子の見解はこうです。

◆不遇か否かは、時勢の良し悪し次第でしかない(13)

◆なぜ雨乞いをすると雨が降るのか。理由などない。雨乞いをしなくても雨が降るのと同じだ(14)

非常に合理的な態度であり、現代的ですらあります。しかしこれでは死や病におびえ、人生に悩む衆生《しゅじょう》は救われません。

この点を踏まえて、『史記』の著者の一人である司馬遷は、有名な、

「天道、是か非か」

という問いを発しました。善人が悲惨のうちに早死にし、悪人が幸せのうちに長生きする理不尽がなぜ許されるのか、天の道とは本当に正しいと言えるのか――。

しかし、孔子たちの思想では、これに答えが出せません。彼らの思想は、宗教的な側面が含まれているにせよ、基本が政治や社会思想だからです。彼らは、

「人々の幸せは、基本的に人の手によってもたらされるもの、神頼みや、鬼神《きしん》頼みでもたらされるものではない」

と考えていました。その手段が政治だったのです。

しかし、このような政治思想においては、「何が良い政治なのか」「すばらしい指導者とはどのようなものか」を言い当てる基準を立てることができても、

「良い政治が行われているのに、なぜこの人が不遇をかこっているのか」

といった問いについては答えが出せません。個人の理不尽な運命の理由、特になぜ他の

人ではなくこの人なのか、については――現代の学問も同じですが――説明の範囲外なのです。

一方、仏教のような宗教は、この問題に対する説明原理を基本的に持っています。司馬遷の投げかけた問いに関していえば、

「善人が悲惨のうちに早死にするのは、前世の行いが悪かったからだ。しかし、来世で幸せになれる」

という「三世《さんぜ》報応《ほうおう》」と呼ばれる説明原理がありました。もちろん、その世界観を信ずるか否かという問題はありますが、人々が納得してくれれば、それで癒しがもたらされるわけです。

こうした前提があったがゆえ、日本はもちろん本場の中国でも、仏教は『三国志』の時代以降、大変な人気を博していきました。もともとインドという異国の宗教だった仏教が、「中華（文明の中心）」を自称する中国人たちに受け入れられた背景には、こうした根本の理由があったからなのです。杜牧《とぼく》の唐詩「江南の春」にある、

◆南朝　四百八十寺《よんひゃくはっしんじ》　多少の楼台　煙雨《えんう》の中《うち》

という有名な詩句は、まさにこうした仏教隆盛の情景を謡ったものに他なりません。

しかし宋代になり、押され気味だった儒教を再興しようという機運が盛り上がります。さまざまな学者たちが、仏教や道教、老荘思想などの教えから世界観や概念を借りつつ、人生の理不尽さの理由まで語れる哲学体系として儒教を再構築していきました。それを集大成したのが、朱子学をうちたてた朱熹《しゅき》だったのです。

また、その朱子学を補完するために、明代に王陽明が陽明学をうち立てました。朱子学、陽明学ともに日本に大きな影響を及ぼした教えに他なりません。

†武装する仏教勢力

日本に話をもどしましょう。

仏教は人気を博して、長らく日本の学問の主柱であり続けたのですが、江戸時代になるとこの根幹が揺らぎます。

その原因の一つが、ある時期から僧侶たちが武装し、ときの権力に逆らう勢力になったこと。戦国時代でいえば、石山本願寺や一向一揆が有名ですが、戦国大名と熾烈な戦いを繰り広げていきます。徳川家康も、三河の一向一揆と戦ったときには、家臣の半分近くが敵に寝返るなど、その鎮圧に大変な苦労を強いられました。

このため、徳川幕府ができたとき、その政治的な課題の一つが、「いかに仏教勢力を手なずけるか」にあったのです。ちなみに、この対策のために導入したのが寺請《てらうけ》制度（いわゆる檀家《だんか》制度）。寺請制度の、徳川側からの意味はこうです。

「お前らに経済的な特権をやるから、こちらに逆らうな、というバーター取引」

これが見事に効果を発揮します。以後、仏教界は完全に保守化し、思想を革新するような素晴らしい僧侶がほとんど現れなくなります。利権を与えられて、それを守ればいいという方向に流れてしまったんですね。

もちろん江戸時代において、仏教や、それに神道も庶民からの信仰を集め続けていました。しかし、政治や学問の場から仏教はやや身を引いた形となり、その空白に入り込んでいったのが『論語』や儒教だったのです。

第2章ではその様子を、歴史的な事例を並べていく形ではなく、『論語』や儒教が入り込んでいった時代的な背景と、それによって浸透した具体的な価値観に焦点を当てつつ解説していきます。

第2章　江戸時代の秩序と『論語』

†渋沢栄一の学歴

昨今、「日本資本主義の父」「実業界の父」と呼ばれる渋沢栄一の人気が高まっています。新一万円札の肖像に選ばれたことはもちろん、日本ハムファイターズの栗山英樹監督をはじめ、若い人に人気の落合陽一さんまで多くの著名人が『論語と算盤』を愛読書や推薦図書にあげているのが、その大きな理由。

そんななか、渋沢記念財団の職員の方が、一般の方からこんな質問を受けたそうです。

「渋沢栄一の学歴って何ですか?」

え、学歴?……その職員の方は、うーんと考え込んだ後、

「学歴ゼロです」

と答えました。これは渋沢栄一に限らず、幕末維新の偉人すべてに共通することですが、彼らはすべて、現代的な意味での学歴が一切ありません。では、どんな教育を受けていたのか。渋沢栄一自身、こう述懐しています。

　自分が書物を読み始めたのは、たしか六歳の時と覚えています。最初は父に漢文の読み方を授けられて、『大学《だいがく》』から『中庸《ちゅうよう》』を読み、ちょうど『論語』巻二《まきのに》まで習った。しかしその後七、八歳のとき、いまは盛岡にいる尾高惇忠《じゅんちゅう》（栄一の従兄で、後に栄一の妻となったちよの兄）に習うことになった。（中略）だからその後は毎朝、尾高の宅へ通学して、三時間かないし四時間ほどずつ読んで帰って来ました。

　しかしその読み方は、現在われわれが学校で学ぶように、丁寧に繰り返し読んで暗唱できるようにするものではありませんでした。ただ種々の書物、すなわち『小学《しょうがく》』・『蒙《もう》求《ぎゅう》』・四書《ししょ》・五経《ごきょう》・『文選《もんぜん》』『左伝《さでん》』『史記』『漢書《かんじょ》』『十八史略《じゅうはっしりゃく》』『元明史略《げんみんしりゃく》』、または『国《こく》史略《しりゃく》』『日本史』『日本外史』『日本政記』、そのほか諸子百家のたぐいも二、三種読んだと覚えています。（『雨夜譚《あまよがたり》』渋沢栄一述／引用者訳、以下同）

渋沢栄一は、いわば現代的な学歴ゼロで、明治以降に四八一（東京商工会議所調べ）といわれる会社、約六〇〇といわれる社会事業（一時的なものも含む。実業界引退後に社会事業に移ったわけではなく、同時並行でかかわった）の立ち上げや運営にかかわりました。まさしく今の日本社会の雛形《ひながた》を作った偉人なのです。

さらに彼は東京帝国大学で経済を教えたこともあり、その教え子の一人に日本近代小説の父である坪内逍遥《しょうよう》がいます。現代的な学校教育の意義を考えずにはいられない話ですが、そんな彼の学びの基本は、父と親戚《しんせき》から学んだ「漢籍《かんせき》」に他なりませんでした。

もう一つ注目すべき点は、渋沢栄一は武士の子ではなく、今の埼玉県深谷《ふかや》市に農民の子として生まれたこと。つまり幕末期には、武士はもちろん、富裕な農民の家まで、四書五経を習い、その価値観を吸収することが珍しくなかったという、これはいい実例なのです。

†「科挙」のない日本

では、なぜ「漢籍」や、儒教系の教えが江戸時代にここまで普及したのか。

根本的な理由は、徳川幕府が治世《ちせい》の基本に文書行政を据えたことにあります。当時、公的な文書は漢文で書かれていました。ですから、行政にたずさわる人間——武士から村の庄屋クラスまで——は漢文がそれなりに読み書きできる必要があったのです。

また当たり前ですが、商売に携わる場合、読み書きできる方が圧倒的に有利。一八世紀頃には農村にも商品経済が入り込んできたので、商人はもちろん農民も熱心に読み書きを学び始めるようになります。これを担ったのが手習い塾（いわゆる寺子屋）でしたが、そんななから熱心に漢籍を学ぶようになった好学の士も育っていきました。

また、儒学はもちろんのこと、医学や兵学、蘭学に至るまで、江戸時代のすべての学問の基本は漢文でした。有名な『解体新書』（オランダ語の「ターヘル・アナトミア」の翻訳）も和文訳ではなく、漢文訳なのです。そして、ある程度以上のレベルの漢文を身につけようとするなら、渋沢栄一のように四書五経などの儒教系の漢文の習得が必須でした。

しかも、こうした儒教系の教えというのは、江戸時代にすでに存在していた社会体制や価値観を強化するのに、実に都合のいい道具だったのです。

ご存じのように、江戸時代にとられていたのが世襲の身分制。幕末期にはそれなりに崩れましたが、江戸時代に百姓の子として生まれたら、どんなに才能があろうとも、幕府や藩の重職を担って政治を執ることは至難の業でした。

優秀な人間が上に行きにくいという意味で、これはきわめて不合理なシステムに他なりません。当然、組織や集団の成果はあがりにくくなります。実際、先ほどの渋沢栄一も、若いときに藩の代官から辱《はずかし》めを受けて、次のような憤《いきどお》りを述べています。

代官は、言葉づかいといい動作といい決して知識のある人とは思われぬ。このような人物が人を軽蔑《けいべつ》できるのは、そもそも官職を世襲するという徳川政治からすべてはこうなったわけだ。こうした政治の弊害《へいがい》がもはやどうしようもないところまで行きついた、と思ったのだ。（前掲『雨夜譚』）

これはまことにもっともであり、だからこそ中国や韓国では、同じ時代に「科挙《かきょ》」という制度を採っていました。

「科挙」とは、漢文的な学力を身につけて、試験で高い点さえとれば、誰でも政治的に高い地位につけるシステムのこと。こちらの方が政治運営のシステムとして合理的なのは明らかです。もし渋沢栄一が中国にいたら、ひたすら「科挙」に向けての受験勉強をやっていたことでしょう。しかし、徳川幕府は「科挙」を自らの体制に取り入れませんでした。すべては秩序維持のためだったのです。

†土下座の連鎖

日本は、江戸時代の前に百年余りの大戦乱——戦国時代を経験していました。この時代は、図式化していえば、身分に関係なく自分の実力で敵を倒し続けていけば、やがては自分が一国一城の領主、ひいては「天下人」にまで上り詰められる――そんな夢を、見ようと思えば見られる時代を意味します。確かに、武田信玄、上杉謙信、織田信長、豊臣秀吉、伊達政宗といった戦国武将は、そんな人々に他なりませんでした。

しかしこれでは、平和な世のなかを作り、維持することは不可能でしょう。そこで徳川幕府が考えたのが、

「いかに人びとに夢を見させないで、安定した体制を作るか」

にあった――そんな説を、筆者は経済評論家であり宗家《そうけ》一九代目の徳川家広《いえひろ》さんにうかがったことがあります。これは制度設計という観点からいえば、的を得ているのではないでしょうか。

そもそもなぜ戦国時代、あれほどの騒乱が続いたのか。まず各々の戦国武将は、個々に実力差はあれども、立場は平等でした。しかも彼らの野望を押さえつけ、上から秩序を維持できる権力も権威もそこにはありませんでした。

これを逆転させたのが江戸時代。世襲を基本とした細かい序列を上から下まで導入し、上の権威に下は服従しなければならない、こんな体制を作ったわけです。そして、その秩序を守る限り、社会も生活も安定しやすい、という――。

こうしたあり様の、見事な描写が渡辺浩先生によってなされています。

（大名は）御殿では、その格と将軍との関係に応じた位置が与えられ、それらに応じた形式で、「御目見《おめみえ》」が行われた。はるか下座で平伏するだけでありながら、緊張と畏れで身のすくむような経験だったようである。

しかも、この大名に対し、その家来は平伏し、その家来に対し、町人百姓は平伏した。平伏される者とする者との長大な連鎖が、全国を貫いていた。一体誰が、これを転覆可能な人工的連鎖だと明晰に意識できたろうか。（『日本政治思想史』渡辺浩、東京大学出版会）

俗な比喩を使えば、戦国時代が「無法地帯でのやくざの抗争」であったとすれば、江戸時代は「やたら序列と上下関係に細かい官僚ないし会社組織。もし序列無視したら左遷《させん》かクビ」に組み替えた、という感じなのです。そして、この制度設計に正統性を与え、強化するために使われたのが『論語』や儒教の教えでした。

†序列が当たり前

こうした流れから今に続く、日本人の無意識の価値観の一つが生まれます。

(1) 年齢や年次による上下や序列のある関係や組織を当たり前だと思う

実際、日本人は今でも、会社や学校で、一年先に入った人々でも「先輩」と呼び、敬語で話します。また、筆者は初対面の官僚の人同士を紹介したことがあるのですが、まず始まったのが入省年次の確認でした。

いずれも当たり前じゃないかといわれそうですが、案外そうでもないのです。

まず英語には、日本人が使うような意味での「先輩」「後輩」という言葉が存在しません。また「brother」と「sister」という単語には上下関係がないので、「He is my brother」といっても、それが兄か弟かわかりません。

さらに、筆者が二〇一八年にカナダに留学したさい、現地の英語の家庭教師の先生に、「まず自己紹介をしてください」といわれました。そこで名前と年齢を名乗ったら、突然さえぎられて、こう返されたのです。

「年齢はいわなくていいのよ。あなたが年齢をいってしまうと、こちらも年齢をいわないと失礼だと思ってしまうでしょ。あなたたち日本人は、年齢をまず伝えて、どっちが年上で、どっちが年下でとか気にするけど、ここでは関係なくみんな平等だから、いう必要はないのよ」

実際、カナダでの現地の方との人間関係は、一般に年齢に関係なくかなりフランクで、日本とは違うなと感じることがしばしばありました。確かに、「たった一年の年次の違い（早生まれだと、数日違いもありうる）でも『敬語を使う』とか『立てる』とか気を配ることに何の意味があるのか、平等で全然いいんじゃないか」といわれてしまえば、その通りなのですが、日本人はこうした形での秩序を作ることが当たり前だと思ってしまうのです。

『論語』や儒教というのは、もともと中国古代の「封建的身分制」の価値観を反映している教えなので、こうした江戸時代の設計思想にかなりなじみやすい面がありました。その象徴がこんな言葉の数々。

◆（弟子の有子の言葉）親を大切にし目上を敬う人間が、上の者に逆らうことはめったにない。上の者に逆らわない人間が組織の秩序を乱すことはありえない(15)

◆為政者と国民の関係は、風と草のようなものです。風が吹けば、草は必ずなびきます(16)

◆斉の景公が、政治のあり方についてたずねた。孔子が答えるには、

「君主は君主として、臣下は臣下として、父親は父親として、子供は子供として、そ

れぞれの責任を果たすことです」[17]

ただし『論語』や儒教の教えには、そのままでは日本の体制には適合しにくいところも当然ありました。そこは日本風にアレンジもされたのです。

†それぞれの役割のなかでの卓越

『論語』には、そもそも次のような考え方がありました。

◆生まれながらの素質に、それほどの違いがあるわけではない。その後の習慣によって、大きな差がついていくのである[18]

◆人は教育によって良くも悪くもなる。もとの違いはない[19]

◆ただ知能のうえで最高の人間と最低の人間とのあいだには、どうしても越えることのできない壁がある[20]

つまり人というのは、よほどの天才と愚か者以外は、教育によってよくも悪くもなる、と孔子は考えていました。これは、現代的に見ても穏当な見解ではないでしょうか。

さらに、孔子の思想を引き継ぐ形で、中国の戦国時代に孟子《もうし》という思想家が出て、有名な「性善説」を唱えます。

◆今にも井戸に落ちようとしている赤子を目にしたら、だれでもハッと驚き、かわいそうだ、助けてやろうと思うに違いない(21)

◆人間はだれでも、人に忍びざるの心、つまり、あわれみの心を持っている(22)

こうした「善なる心の芽生え」が、人の心にはもともと備わっているという観点を引き継いだのが、宋代以降に発展した「新儒教」でした。朱子《しゅし》学や陽明《ようめい》学などが有名ですが、日本でもこの人間観は受け入れられていきます。たとえば、中国や日本で最初に読み書きを習うときに広く使われた『三字経《さんじきょう》』というテキストの冒頭が、こうなのです。

◆人は生まれたとき、その人間性は善なるもので、お互い似通っているが、その後の習慣によって隔たってしまう(23)

さらに、江戸時代に書かれた代表的な子育て書にもこんな一節があります。

◆およそ人となれるものは、皆天地の徳をうけ、心に仁・義・礼・智・信の五性をむまれつきたれば、其性のままにしたがえば、父子・君臣・夫婦・長幼・朋友の五倫の道行なわる。（『和俗童子訓《わぞくどうじくん》』貝原益軒《かいばらえきけん》）

こうした流れから、今にも続く、

(2) 生まれつきの能力に差はない、努力やそれを支える精神力で差はつく
(3) 性善説で人や物事を考える

という価値観が根づいていきます。

さらに朱子学や陽明学といった「新儒教」では、性善説の考え方を一歩進めて、「誰でも、きちんと学べば聖人になれる」という考え方を打ち出しました。そう、「科挙」というのは、この観点からいえば、きちんと学び続けて聖人により近づいた人間を、国政の場で公平に登用しようという考え方なのです。

ところが同時代の日本では、世襲の身分制をしいていたために、優れた人物であるなら例外なく国政のトップにつけるべきだといった「科挙」のような考え方がとれません。身分の枠の遵守《じゅんしゅ》こそ、秩序維持の基本だったからです。

そこで日本の儒者たちは、「新儒教」的な考え方を、次のようにアレンジしていくのです。

「人には与えられた分（役割）があり、きちんと学べばその分のなかで卓越した存在になれる」

「与えられた分を果たすことが、その人の幸せのもとである」

この考え方は、現代日本でも色濃く残る、こんな価値観の底流をなした、と筆者は見ます。

(4) **秩序やルールは自分たちで作るものというより、上から与えられるもの**

(5) **社長らしさ、課長らしさ、学生らしさ、先生らしさ、裁判官らしさなど、与えられた役割に即した「らしさ」や「分（役割分担と責任）」を果たすのが何よりいいこと**

実際、渋沢栄一は若いころ、「身分の枠など超えて、日本のために尽くすべきだ」といった主張を彼の父にしたことがあります。そのときの父からの反論はこうでした。

お前が自分の役割をこえて、いわば望むべきではないものを望んでいるのではないか。根が農民に生れたのだから、どこまでもその本来の役割を守って農民に満足したほうがよい。もちろん幕府の政治の間違いを論じたり、閣老なり諸侯なりの辞職について批判したりして、善悪や忠邪などを見分けるための知恵をつけるのは、もとより自己の一見識として妨げはしない。しかし身分のことについては、そんな不相応な望みをおこさなくてもよいのではないか。（前掲『雨夜譚』）

幕末というと、どうしても志士たちの側の改革の価値観がクローズアップされがちですが、当時の多くの庶民の一般的な考え方は、おそらくこのようであったのでしょう。(24)

†「ホンネとタテマエ」の登場

さらに、この流れからは、日本人の端的なもう一つの特徴である、

(6) ホンネとタテマエを使い分けるのを当たり前と思う

という心性も生み出されていきます。この象徴的な例が、一八世紀に成立した上方《かみがた》や尾《お》張《わり》の「いろはかるた」の「ふ」にある、

「武士は食わねど高楊枝《たかようじ》」

ということわざ。武士だって、ホンネでは美味しいモノを腹一杯食べたいわけです。しかし、そのホンネを抑圧して、やせ我慢して、武士らしくわざわざ高楊枝までくわえてみせて毅《き》然《ぜん》としていなければならない――。

つまり、期待される「武士らしさ」と、ホンネの部分とが、どうにもぶつかってしまうことがおこるのです。こうなった場合、片やタテマエ、片やホンネに配当して、その矛盾をうまく処理しようとするわけです。

こうした「ホンネとタテマエ」には別の淵源もあります。それが、

「秩序やルールは自分たちで作るものというより、上から与えられるもの」

という(4)の状況と、実際の状況とがかみ合わなくなったとき。

このいい例が、仏教の戒律でしょう。仏教には「不飲酒戒《ふおんじゆかい》」、つまり飲酒をしてはいけないという戒律があります。しかし日本では、伝統的にお酒を「般若湯《はんにやとう》」などといいかえて、僧侶たちが当たり前にたしなんできました。現代でも、バーやスナックの常連たちが

僧侶ばかりという地域まであったりしますが、これは海外では決して当たり前ではありません。本来、戒律を守ることは仏教の教えの中核をなすからです。

この場合、自分では変えようのない戒律と、現実の飲酒行為を、それぞれホンネとタテマエに配当して、やはり矛盾を処理してしまうわけです。

もちろん、こうした「ホンネとタテマエ」の分離のような事例は、海外でも一般的に存在します。しかし日本の場合、儒教的な価値観とないまぜとなって、複雑なその心性をつくり上げているのです。

この「ホンネとタテマエ」の価値観に関しては第9章で詳述します。

君、君たらずとも、臣、臣たらざるべからず

さらに、世襲の身分制をとっていると、同じ組織や集団のなかでは同じ序列や上下関係が延々と続く、ということがおこります。現代でいえば、異動がほとんどない、終身雇用・年功序列の会社のようなもの。もともと中国では、

「父子《ふし》天合《てんごう》、君臣《くんしん》義合《ぎごう》」

という考え方がありました。『礼記《らいき》』という古典には、こんな言葉があります。

◆子供が親に仕える場合、三度諫言《かんげん》して聞き入れられなければ、号泣して親に従う[25]
◆君主に過ちがあれば、遠回しに諫める。ただし、三回諫めても聞き入れられないのであれば、その国を去るのが臣下としての礼だ[26]

わかりやすくいえば、
●親子関係――天から与えられた人間関係だから逃れられない。親の言うことには、最終的には号泣してでも従う。
●君臣関係――義（公的な利益や正しさ）で繋がっているだけの人間関係だから、何かあれば離れてよい。

という形なのです。後者の場合、去ってどうするかと言えば、他国にいって、よりましな君主に仕えてOK。転職率の高い業界のようなものですが、逃れられない関係と、そうでない関係の差が一目瞭然《いちもくりょうぜん》なのです。

ところが日本では、世襲の身分制というきわめて逃《のが》れにくいシステムをとっていました。このため、君臣関係の方も「天合」、つまり親子関係と同じに見なされていくのです。

以後この構図は、明治になって「天皇と国民（天皇の赤子）」、戦後の会社における「社長と社員（社長がお父さんで、社員は家族）」に、そのまま移し替えられてもいきました。

そして、こうした一連の流れからは、次のような日本人の価値観が育まれたと筆者は考えます。

(7) 理想の組織を「家族」との類推《るいすい》で考えやすい

孔子はもともと、睦《むつ》まじい家族のような温かい人間関係を、あらゆる組織や集団の基礎として広めたい、と望んでいました[27]。こうした意味からは、あながち間違いとは言えない価値観なのですが、しかし同時に孔子には、

「義がなければ君臣関係は結べないし、すぐに解消すべきだ」

という信念がありました。だからこそ彼自身、五十代のときに母国を離れ、約一四年間も中国全土を放浪しました。自分の政策を採用してくれる君主を探し続けたのです。また、私利ばかり追求する貴族のために働く自分の弟子を厳しく叱責したりもしました[28]。

こうした組織につきまとう価値観の相克のなかで、後者の側のリアリズムが日本ではごっそり抜け落ちがちなのです。

「家族」が理想の組織や集団なので、そのなかでお互いがお互いに甘えたり、依存したりすることを当然視する傾向が出る一方で、逃れられない上下や序列の関係から次のような

もう一つの特徴がでたりします。

(8) 組織や集団内で、下の立場の「義務」や「努力」が強調されやすい

なぜなら、序列や上下関係にうるさく、しかもその組織や集団から逃げ出しにくいという環境では、「義務」や「努力」は立場が弱い下の側に押しつけられがちになるから。

もちろんもともとの『論語』や儒教にもそういった側面がありました。ただし、それは親子関係を主にしたものでした。

◆家にあっては親に孝を尽くし、社会に出ては目上の者を敬《うやま》う(29)

◆身内の者からは親孝行なやつだと認められ、村の人々からは目上の者によく仕えていると誉められる(30)

『論語』では、子の立場の努力だけが一方的に強調されていて、逆に親の側の義務を説いた教えが一切出てきません。

反対に君臣関係においては、下の人間と同じくらい、上に立つ人間の「義務」や「努力」が強調されます。

◆孔子が言った。「為政者が自分の姿勢を正しくすれば、命令するまでもなく実行される。自分の姿勢が間違っていると、どんなに命令しても人はついてこない[31]」

◆あなたが真の王者になれないのは、そうしようとしないだけのことであって、もともとできないわけではありません[32]

ところが日本では、下の人間が持つべき「忠」という徳目がやたら強調されたり、さらに、次のような言葉が使われるようになりました。

◆君、君たらずとも、臣、臣たらざるべからず（『古文孝経《こぶんこうきょう》』序）

実はこの言葉、中国では歴史的には一般的な言葉ではありません。なぜならこの『古文孝経』は中国では早くから散逸してしまい、江戸時代に日本から逆輸入された古典だったからです。

これを今風に言いかえると、次のようになるでしょう。

「会社や上司が馬鹿でも他に行きようがないのだから、その場で我慢して自分の役割を果たせ」

一方、本家中国では伝統的にはこうなるのです。

◆君、君たらざれば、臣、臣たらず（『管子《かんし》』形勢編）

こちらは、

「会社や上司が馬鹿なら、他に転職してしまえ」

という感じでしょうか。こうした下の義務を強調する流れが、次章で触れる明治の「教育勅語」に結実していきます。

変えられない秩序のなかで、自分が変わる

さて、『論語』や儒教の価値観が、統治に必要な武士や、向学心に燃えた農民や町人などに受け入れられていった流れはわかりやすいのですが、より大多数の、勉強好きともいえない一般庶民に対しては、どう影響を与えていったのでしょう。

歴史的に見ると、日本で自然にできた村々には、次のような価値観があったという指摘

があります。

- 神道主義
- 長老主義
- 家族主義
- 身分主義
- 自給自足主義(33)

わかりやすくいえば、みんなで神社の神様を拝《おが》んで、長老が村を治めていて、家族単位で動いていて、内部には細かい身分の違いがあって、村々で自給自足していた、というのです。

江戸時代になり、こうした村々に幕府の統治システムが入り込んでいきました。このとき、村々にもともと根づいていた先述の価値観が、『論語』や儒教の色に塗り替えられていったのです。もともと「長老主義」「家族主義」「身分主義」の三つは、『論語』や儒教の価値観と重なり合ってもいました。(34) そして、この過程で特に強調されたのが「勤勉」「倹約」「謙譲」「孝行」などの徳目でした。(35)

さらに村々では、「精神主義」や「自己規律」といった価値観も育まれていきました。

民衆的諸思想に共通する強烈な精神主義は、強烈な自己鍛錬にむけて人々を動機づけたが、そのためにかえってすべての困難が、自己変革――自己鍛錬によって解決しうるかのような幻想をうみだした。

通俗道徳的自己規律の真摯な実践は、既存の支配体制の内部でのささやかな上昇を可能にして支配体制を下から支える役割をはたし、社会体制の非合理的なカラクリを見えにくくするものとしなければならない。むしろ、通俗道徳を教える思想家は、現存の支配体制をすすんできわめておめでたく賛美している場合が多い。(『日本の近代化と民衆思想』安丸良夫、平凡社ライブラリー)

いまある体制を変えられないものとして受け入れ、あまつさえ賛美し、そのなかで努力して自分を変え、向上させることで、幸せな暮らしができる――。

この背景にあるのが、『論語』や儒教にある次のような教えです。

◆聖人のようなすぐれた人物が一回でできたことでも、百回繰り返せば、われら凡人だってできるようになる。能力ある人物が十回やってできたことでも、千回もやり続け

> ればできるようになる[36]
>
> ◆せっかくの玉も、せっせと磨きあげなければ立派な器にはならない。それと同じように、人間もまた学ぶことによって自分を磨きあげていかなければ、人たるの道をわきまえた立派な社会人にはなれない[37]

ここからは、(2)の「**生まれつきの能力に差はない、努力やそれを支える精神力で差はつく**」や、(4)の「**秩序やルールは自分たちで作るものというより、上から与えられるもの**」といった価値観が、さらに強化されていった、と見なせるのです。

†百姓一揆の変遷

ただし、このような秩序維持を第一とする体制は、一九世紀あたりから崩れていきます。そのいい例が百姓一揆《いっき》。

一八世紀までの百姓一揆は、農民代表や農民全体が、自分たちの窮状《きゅうじょう》や代官の無道《むどう》な行いを、「お願いがございます」とお上に訴えて改善を求めるという形をとっていました。暴力的な行為はほとんど伴わなかったのです[38]。まさしく、

「自分たちでは変えられない与えられた秩序の中で、状況の改善を、上の序列や階層に図

ってもらう」

という形をとっていました。

ところが一九世紀を過ぎると、暴力や犯罪行為をともなった百姓一揆が増えていきます。無差別に近いような打ちこわしや放火、略奪まで行われるようになり、代官たちがそれをうまく阻止《そし》できないケースも出てきます。

幕末に活躍した新選組は、天然理心流の道場・試衛館《しえいかん》が母体になっていますが、その局長・近藤勇《いさみ》や副長・土方歳三《ひじかたとしぞう》はいずれも多摩の農家の出身。この背景には、一九世紀初頭にお隣の山梨で「甲州騒動《こうしゅうそうどう》」という激しい暴力や破壊活動を伴った一揆がおこり、「暴徒による打ちこわしから村や家を自衛するために、自分たちも剣術を身につけるべきだ」

と農家、特に豪農の子たちが熱心に剣術を学ぶようになったという時代背景がありました。彼らの意識としては、

「身分を守っていれば、安心して暮らせる」

という従来の秩序に、もはや安住していられなくなったのです。

さらに江戸後期になると、世襲の身分制の弊害《へいがい》——リーダーとしての能力に欠ける者が政治的に重要なポストについてしまう、という問題も目を覆うばかりになります。

先ほどの甲州騒動のさい、騒動を鎮圧すべき責任者の代官たちのなかには、現場に行くのを拒否したり、自分の屋敷に隠れたまま出てこなくなる者まで出る始末。深谷の百姓の子として生まれた渋沢栄一でさえ、

　自分もこの先いまのように百姓をしていると、いわば虫けら同様の知恵分別もない武士からまず軽蔑され続けてしまう。さてさて残念千万なことである。こうなったらどうしても百姓を辞めたい、あまりといえば馬鹿馬鹿しい話だ。（前掲『雨夜譚』）

という思いを抱くに至るのです。そして、こうした思いが結晶化する形で、明治維新という大転換がなされました。

こうした意識の高まりを示すいい例が、明治五年から出版が開始され、のべ三〇〇万部以上売れたとされる福沢諭吉の『学問ノス、メ』。そのなかで描かれているのは、

「天は人の上に人を作らず、人の下に人を作らず」

「立身出世」

つまり、平等な国民が、学問によって誰でも立身出世することができる、という流れでした。「秩序による安定」から「競争による栄達《えいたつ》」へと時代が移りかわっていく象徴がこ

の明治の大ベストセラーだったのです。

こうなると、『論語』や儒教が持っていた、保守的かつ秩序維持的な価値観は、出番を失ってもおかしくなかったのですが、現実にはそうはなりませんでした。逆に以後、われわれの無意識の価値観を規定する教えとして、根を下ろしていったのです。

†拝金主義の蔓延

以下は、ある文章の「〇〇人」の部分を筆者がわざと抜いたものです。この「〇〇人」には、何が入るのか、みなさんおわかりになるでしょうか。

どうも〇〇人は、他人に対しての約束をはなはだ守らない。いわゆる信用が堅固ではない。たとえば景気がよくて売れそうだと思うと注文品を早く引き取るが、これに反して売れそうもないと注文品をなかなか引き取らない。日常の取引であるから、いちいち契約書を作るわけにもいかない。あらかじめ手紙のうえ、あるいは電報の引合いによって送ってやる。品物を自分に都合がよいと引き取るが、都合の悪いときはぐずぐず言って引き取らない。これはほとんど〇〇人の習慣といってよい。私ばかりではない、どこの商人もみな困っている。そもそも〇〇人は信用というものを重んじていない。これを直してくれないと、今までの取引をさらに発展させるということは難しいように思う。

次には少し言うのが憚れるが、インボイスを二重に書けといわれる。事実のインボイスと、それよりもっと安価のインボイスとを書かせる。その原因は税金を免れようというのである。そんな偽りはイヤだというと、取引を断るというので、仕方なくその要求に応じる人もままあるけれども、これらの行為は誠に心苦しい。

筆者は企業の幹部研修で、この問題を出すことがあります。返ってくる答えとしては「中国人」「インド人」「ロシア人」といったものがほとんど。しかし答えは実は、

「日本人」

なのです。渋沢栄一が明治三五年に欧米を歴訪したさい、イギリスの商工会議所の会員から受けた苦情の内容がこれでした。聞いた渋沢栄一は真っ青になり、日本に帰ってから、あわてて有名なモットーである、

「論語と算盤《そろばん》」

「道徳経済合一説」

などを熱心に説いて回りました。

では当時、日本の商業道徳は本当にこんな惨状を示していたのかというと、残念ながらまぎれもない事実でした。明治一八年（一八八五）に農商務省が、今の経済白書にあたる『興業意見《こうぎょうけん》』全三〇巻を出しているのですが、その緒言にこんな記述があります。

商は規律も無く営む故、詐欺《さぎ》を以て商業の本旨《ほんし》なりと見做《みな》さるゝに至れり。

さらに、明治時代の各国の商業道徳を比較したロンドン大学のジャネット・ハンター先生によると、当時の日本の位置づけはこうなってしまうのです。

一八九九年（引用者注：明治三二年）発効の（日英通商航海）条約改正時、日本の商業道徳は「ヒンドゥー教徒やトルコ人」よりはるかに低いといわれ、アジアで最も高い商業道徳基準を持つといわれた中国より日本は劣っているとされることが多かった。（『グローバル資本主義の中の渋沢栄一』「公正な手段で富を得る」ジャネット・ハンター、東洋経済新報社）

この背景にあるのが、急激な近代化や資本主義化の問題でした。一九九〇年代以降の中国も同じでしたが、ある国が突然、資本主義や近代化に舵《かじ》を切ると、どうしても、

「拝金主義」

「稼いだもの勝ちの競争」

が蔓延《まんえん》しがちになります。大きな理由は、お金のインパクトが強すぎるから。極端な比喩ですが、明治時代にこんな対照的な二人がいたとします。

A　伝統的な倫理を守って貧乏な人

B　既存のルールは少々踏み越えても、大儲けの新興商人

どちらが若い人にアピールするかという……。これはどうしても新興商人になってしまうわけです。こうなると「他人を蹴落としてもいい」「やったもの勝ち」という風潮が蔓延せざるを得なくなります。

そこで渋沢栄一は伝統的な『論語』の教えの力を借りようとしました。『論語』を商業道徳として定着させることで、経済や実業の倫理的な退廃を救おうとしたのです。

同じことは、お隣の中国でもおこりました。二〇〇二年に胡錦濤《こきんとう》と温家宝《おんかほう》が政権のトップに座ると、ある時期までは弾圧さえしていた『論語』の教えを、表舞台で打ち出すよう

になります。書籍はもちろん、映画やTVドラマなど。さまざまなメディアを使い、『論語』や孔子を推し始めるのです。

さらに、これと同じことが明治時代、社会のレベルでも起こりました。

†明治の二つのベクトル

明治維新というのは、ベクトルの一八〇度異なる二つの原理が交錯《こうさく》していました。そして、二つの原理は往々にして矛盾と緊張をはらんでいました。

まずは「文明開化」に象徴される近代化路線。

もともと維新の志士たちというのは、ペリー来航をきっかけに、徳川幕府のような封建的な守旧体制では欧米列強に植民地にされてしまう、という危機感から徳川幕府を倒した人々。そうである以上、

「国をあげて近代化し、欧米列強に伍《ご》する力を身につける」

という路線を持つのは必然でした。こちらの近代化主義者の象徴が福沢諭吉であり、教育の世界においても、明治の初期、彼は「三田の文部卿（福沢諭吉が三田に住んでいたことから）」と呼ばれ、絶大な影響力を教育行政に及ぼしていました。

こちらが未来に向けたベクトルだとすると、逆に過去に向けたベクトルを持つのが「王

政復古の大号令」に象徴される復古路線。

つまり、天皇を中心とした社会体制を作ることで、日本を一つにまとめようとしたのです。

明治の初期というのは、騒乱だらけの時代でした。

近代化路線を進めるために、明治政府は近代の価値観を国民に押しつけていきましたが、それは激しい反発をも招きました。なぜなら彼らが馴染んでいた江戸時代の価値観からすると、明治政府は、理解不能で受け入れがたい政策を強行した面があるからです。

端的なのが、武士に対する特権の剝奪《はくだつ》。これによって西南戦争などの不平士族の反乱が続発します。一方で、軍事とは縁のなかった庶民への徴兵制の強制によって「血税一揆」といわれる反対運動も頻発。また、民事不介入という近代の価値観は、反面で農民たちの困窮《こんきゅう》を救わない政府や役所を生み出し、その結果として地租《ちそ》改正反対一揆が勃発《ぼっぱつ》します。

さらに、近代化路線をとる場合、進歩の原動力として競争の原理が導入されます。みな平等で、努力すれば立身出世できる社会とは、裏を返せば「立身出世競争」が必然的にエスカレートする社会。確かに競争によって進歩は促されますが、同時にそれは過熱化しやすく、社会に混乱を招きます。商業道徳の退廃がいい例ですが、こうした混乱をおさえ、一つにまとめるための原理の導入が、当時求められたのです。

こちらを担ったのが「天皇制」であり、それを補強するために持ち出されたのが『論語』や儒教の教えでした。

明治時代以来、この二つの路線――近代化主義者と復古主義者の間でずっと政策的な綱引きが繰り返されました。その途上で福沢諭吉の著作は、明治一五年(一八八二)以降は公教育の場で使用禁止とされたりもしたのです。

そして、こと教育の分野でいえば復古主義者が優勢な形で決着しました。その象徴が、明治二三年(一八九〇)に教育の基本方針として発布された別表の「教育ニ関スル勅語」、いわゆる「教育勅語」に他なりません。

全体からいえば、臣民が天皇のために尽くす、という内容になっていますが、それを補強する形で使われているのが、『論語』や儒教の教えや価値観でした。しかもこの「教育勅語」以後、教育に関する施策は、法律ではなく勅語(天皇からの通達)によって決まるようになります。

さらに、教える側の教員にも同じ価値観を共有させるため、各地に設立されていった師範学校では、儒教的な価値観の注入が目指されました。[39]こうした施策が、日本の教育における価値観の伝統を形作る大きな淵源となったのです。

第1章で、日本人は江戸時代に、『論語』や儒教の価値観のなかから、使えるものだけを選択し、あるときは変形しつつ、自分たちの作りたい体制を強化するために使ったと述べましたが、同じことが明治時代に国民教育の場でも繰り返されたのです。

別表　教育ニ関スル勅語

朕惟フニ、我ガ皇祖皇宗、国ヲ肇ムルコト宏遠ニ、徳ヲ樹ツルコト深厚ナリ。我ガ臣民克ク忠ニ克ク孝ニ、億兆心ヲ一ニシテ　世々厥ノ美ヲ済セルハ、此レ我ガ国体ノ精華ニシテ教育ノ淵源亦実ニ此ニ存ス。爾臣民父母ニ孝ニ、兄弟ニ友ニ、夫婦相和シ、朋友相信ジ、恭倹己レヲ持シ、博愛衆ニ及ボシ、学ヲ修メ、業ヲ習ヒ、以テ知能ヲ啓発シ、徳器ヲ成就シ、進デ公益ヲ広メ、世務ヲ開キ、常ニ国憲ヲ重ジ、国法ニ遵ヒ、一旦緩急アレバ義勇公ニ奉ジ、以テ天壌無窮ノ皇運ヲ扶翼スベシ。是ノ如キハ、独リ朕ガ忠良ノ臣民タルノミナラズ、又以テ爾祖先ノ遺風ヲ顕彰スルニ足ラン。／斯ノ道ハ、実ニ我ガ皇祖皇宗ノ遺訓ニシテ、子孫臣民ノ倶ニ遵守スベキ所、之ヲ古今ニ通ジテ謬ラズ、之ヲ中外ニ施シテ悖ラズ、朕爾臣民ト倶ニ拳拳服膺シテ咸其徳ヲ一ニセンコトヲ庶幾フ。

†秩序の維持か、革命か

さらにこの流れを強化する、大きな画期が明治四三年（一九一〇）におこりました。それが「大逆事件《たいぎゃく》」。

新村《にいむら》忠雄、宮下太吉などが明治天皇暗殺を計画。それが発覚して、社会主義者たちが一斉に検挙され、一二名が処刑された有名な事件です。処刑されたなかには、計画にどこまでかかわっていたのかはっきりしない大物・幸徳秋水《こうとくしゅうすい》が含まれていました。

実はこのときに問題になったのが、幸徳秋水に代表される社会主義者たちが、儒教、特に『孟子』や陽明学の影響を陰に陽に受けていたこと。

ここまで述べてきたように、『論語』や儒教の教えは、日本では基本的に秩序の維持や安定のために使われてきました。しかし、それには例外もあります。それが幕末の志士たちの行動原理。

倒幕の代表的な先導者の一人であった吉田松陰《よしだしょういん》は、『孟子』を重視し、そこに含まれる「革命思想」——江戸時代、他の儒者たちにほとんど無視されていた——を高らかに称揚しました。

◆仁を損うことを「賊《ぞく》」と言い、義を損うことを「残《ざん》」と言います。残であり賊であるような男は、もはや主君ではなく、並みの人間にすぎません。並みの人間である紂《ちゅう》という男を誅殺したという話は聞いたことはありますが、主君を弑殺《しいさつ》したという話は聞

いたことがありません[40]

紂というのは、暴君の典型として語られてきた人物。要するにダメな君主なら引きずり下ろしてよい、という思想が語られているのです。

また、吉田松陰を含め、多くの志士たちに影響を与えていたのが王陽明を始祖とする陽明学の教えでした。陽明学は「実践」を何より重視していて、それが幕府打倒の実行の原動力にもなっていったのです。そして維新が成功すると、彼らは政治家や軍人となり、体制を守る側に鞍替えしていきました。

一方、明治の社会主義者たちのなかにも、儒教や陽明学の影響を受けていた者が多数いました。

幸徳秋水は儒者であった三島毅《き》（三島中洲。二松学舎大学の創始者、大正天皇の侍講も務めた。「論語と算盤」はもともと彼の発案）の孫弟子にあたり、自分を社会主義に導いてくれた書物の筆頭に『孟子』を挙げています。また、処刑された一人である奥宮健之の父も陽明学者でした。

さらに、別の事件で刑務所に入っていたため、たまたま連座を免れた社会主義者・堺利彦もこんな述懐を残しているのです。

予《よ》の社会主義は、其根底《そのこんてい》に於《お》いてはヤハリ自由民権説であり、ヤハリ儒教であると思ふ。（週刊『平民新聞』八号「予は如何《いか》にして社会主義者となりし乎」）

打倒の対象が「徳川幕府」か「天皇制」かの違いはありますが、両者は同じ思想の影響を受けて「革命」を目指したという、いわば双子のような存在だったのです。

しかし、すでに体制側にまわった幕末の志士たちにとって、この事態は座視できるものではありません。自分たちの若いときのような、尖った人間が育つのを潰しにかからざるを得なくなります。

このため政府は、体制に従順な国民を作るために、体制に資することであれば、たとえ学問的に否定されていることでも小学校で「国民道徳」として教えていく――そんな流れを強化していきました。言葉を換えれば、エリート層にはきちんとした学問を、それ以外には、保守的な面を強調した儒教道徳を刷り込むというダブルスタンダードがここで確立されたのです。[41]

†温情主義的経営

話を実業界の方にもどしましょう。

明治三〇年代頃から、折からの労働法制の整備に対する世論の盛り上がりや、労働組合活動の活発化、そして職工の定着を図りたいという思惑などから、経営者たちが「温情主義」を唱えるようになります。

20世紀初めの約10年ほどで、イデオロギーとしての温情主義は定着した。実業界のトップリーダーたちは、労働法制整備の世論を受け流し、あるいは弱めるために、温情主義を利用した。

20世紀初頭の経営者は、明治期の労働者の自立性に対応して、新たな労務政策を採用した。高価な新型機械を用いて利益をあげる必要性から、職長を優遇し、養成工を育成し、温情主義的な思想を鼓吹したのである。その後の労働組合の活動は、こうした政策をより広い労働者グループに及ぼすことを目指し、恣意的な温情主義をより制度化された処遇へと変えようとしたのである。（以上、『日本労使関係史1853-2010』アンドルー・ゴードン／二村一夫訳、岩波書店）

当時、悲惨な環境で働かされている労働者、とりわけ長時間労働でこき使われる女性や子供などが社会的に問題視されていました。その改善のための法整備が叫ばれていたのです。

また従業員たち、特に職工たちの転職率が非常に高く、条件が良いところへすぐに移ってしまうのが常態でした。いずれも急速な近代化がもたらした大きな問題だったのですが、それに対して経営者たちが、

「労働者にやさしい、家族のような経営をするので、労働法を整備して経営をしばるのをやめてほしい。労働組合も大人しくしてほしい。職工はぜひうちに定着してほしい」

という主張を強く打ち出すようになったのです。このとき、経営者の念頭にあった「温情」の雛形とは、『論語』に登場する「仁」や「恵」といった徳目の数々でした。『論語』にはこんな一節があります。

◆孔子が、子産（古代の名政治家）を批評してこう語った。

「あの方は、君子としての資格を、四つも備えていた。第一に、態度が謙虚であったこと。第二に、君主に対して敬意を忘れなかったこと。第三に、人々に対して恩恵を施したこと。第四に、人々を使役するのに節度を心得ていたことだ(42)」

江戸時代の場合、すでに世襲による身分制という社会体制の方が先に存在していました。その強化や補強のため、『論語』や儒教の価値観が道具として利用されていったのです。一方、明治の実業界の場合、急速な近代化のためもあって、経営者と雇用者の関係は一般にドライでした。それを転換し、永続的、かつ親密にする道具として使われたのが、こうした価値観だったのです。

さらに、先述した堺利彦の述懐のように、過酷な経営に対抗していた労働組合や、共産・社会主義活動の根っこにも『論語』や儒教は影響を与えていました。お互い同じ価値観を、都合のいいところだけを採りつつ、やりとりしていたのです。

†滅私奉公とホンネとタテマエ

しかもこの図式が戦時体制の構築にまで、持ち込まれます。

準戦時体制以降、時代の思想的状況が右傾化するにつれて、「皇国的勤労観」がますます強調されるようになった。日本の勤労は、欧米式なギヴ・アンド・テイクの取引ではなく皇国に対する奉仕であり、家族的親和と協調のなかで遂行されるのだから、労働の条件やその報酬を決める際に交渉や契約の形式をとるのはふさわしくないというのである。従業員は、滅私奉公の精神で仕事を通じて報国に専心すべきであり、これに対する経営者は、家族主義的思いやり（温情）をもって働く者の福祉の向上に配慮しなくてはならぬという主張が繰り返された。（『現代日本経済システムの源流』岡崎哲二・奥野正寛編、日本経済新聞社）

戦時下になって、国は総動員体制を作るために、経営者に対しては「温情主義」を、労働者に対しては「滅私奉公《めっしほうこう》」をそれぞれ植えつけようと画策《かくさく》するのです。「滅私奉公」もまた、『論語』の価値観を極端化したものに他なりません。

◆孔子が言った。「行動に際して、公益を優先させるのが君子、自分の利益を優先させるのは小人である(43)」

◆志ある人や仁者は、命が惜しいからといって仁を害するようなことはしない。時には命をすてても仁を成しとげる(44)

ここに出てくる「君子」とは、もともと「地位、ないしは徳のある人」のことを意味します。第1章で述べたように、孔子が『論語』で述べているのは「よき政治家」になるための道筋でした。

よき政治家を目指すなら、私財を貯め込むのではなく、公益の追求こそが仕事。さらに国家危急のさいは、自分の命など惜しまず職務に尽くすことが求められます。それはもちろん高い政治的な地位や声望、税金を原資とした報酬と引き換えになっていました。

しかし戦時中、この指導者層だからこそ求められたはずの価値観が、一般国民にまで求められ、押しつけられていきます。第二次世界大戦時の有名なスローガン「欲しがりません勝つまでは」に、それは端的にあらわれています。

†一九四〇年体制と学校歴社会

さらに戦後になっても、戦時体制をひきずる形で、日本経済や企業はその内実を構築していきました。

一九三八年に「国家総動員法」が作られ、それに基づいて、配当が制限され、また株主の権利が制約されて、従業員中心の組織に作り替えられた。これによって、従業員の共同体としての企業が形成されていった。また、終身雇用制や年功序列賃金も、その原型は第一次大戦後にあったが、戦時期に賃金統制が行われたことによって、全国的な制度に拡大した。（『一九四〇年体制――さらば「戦時経済」』野口悠紀雄、東洋経済新報社）

戦後の日本企業の特徴としては、「日本型経営システム三種の神器」と呼ばれる、

- 終身雇用
- 年功序列賃金
- 企業別・工場別組合

の三点セットがとても有名ですが、いずれも戦時体制が出自《しゅつじ》だというのです。このうち終身雇用、年功序列賃金については、近年、諸外国との比較から、そこまで日本独自の特徴とはいえないといった批判も存在しています。ただし、傾向としては確実にあるようです(45)。

ここまで見てきたように、結局これらの特徴は、先述したような「従業員の定着」や「労働運動の緩和」「一丸となった組織体制づくり」といった大きな流れと、それを支えた『論語』的な温情主義や、そこから派生した家族主義の価値観の延長線上に生まれたものでした。

また、教育の分野においても、昭和三三年（一九五八）以降、日本の文部省は人格教育

に本腰を入れていきます。よく戦後の教育について、「GHQが日本の古き善き価値観を骨抜きにして、日本人をダメにした」といったことを述べる人がいますが、これは正しい表現とは言えません。なぜなら、SCAP《スキャップ》（連合国最高司令官、いわゆるGHQ）の占領は昭和二七年に終了していて、その後は日本人自身が統治をしているからです。

しかもSCAPの廃止後に、初めて全面改定された昭和三三年の学習指導要領の重点項目の筆頭に来るのが、

「道徳教育の徹底」

に他なりませんでした。なぜならば、戦後の冷戦構造のなかで、日本政府としては自由主義陣営の一員として、共産主義に染まらない国民を育てたいという考えを持っていたからなのです[46]。

以後、日本の公教育からいわゆる「道徳の時間」がなくなったことは一度もありません。それどころか、日本の公教育は、「全教育課程を通じた人格教育」をその特徴とします。

道徳教育の目標は、第1章総則の第1の2に示すところにより、学校の教育活動全体を通じて、道徳的な心情、判断力、実践意欲と態度などの道徳性を養うこととする。

わかりやすくいえば、道徳の時間だけに限らず、すべての科目の授業、登下校、掃除、給食、休み時間、部活動、種々の行事などあらゆる活動を通じて、人格を育成しようというのが日本の公教育の一貫した方針。「道徳の時間」というのは、それらの活動をまとめるための時間なのです。

こうした学校での「人格教育」の実施を、当たり前に感じられる人もいるかもしれませんが、欧米では実はそうではありません。

たとえばドイツやフランスでは、学校はあくまで知識や学問を教える場であり、――「宗教教育」が存在する場合もありますが――基本的なしつけや人格教育は完全に家庭の責任になっています。また、アメリカでは、人格教育を学校で担う場合もありますが、しかし、その主体はあくまで家庭だという社会的な合意があります。

一方で日本や韓国、中国といったいわゆる儒教文化圏の国々には、学校に「道徳の時間」があり、学校が主体となって道徳や人格を教育することが当たり前になっています。[47]次に引用する一節に象徴されるように、そもそも教育＝人格教育という『論語』以来の伝統がおそらく根底にあるからなのでしょう。

◆君子は、食べ物や住まいについて、ことさら贅沢を願わず、行動は機敏に、発言は慎重を旨とする、そして、立派な人物を見習って我が身を正すのである。こうあってこそ、学問を好む人間と言えよう[48]

注目すべきは「学問を好む」の具体例のなかに、「本を読むのが好き」「先生に教わることが好き」といった内容が一切なく、自分の行動や人格を磨くことしか書かれていないこと。こうした、

(9) 教育の基本は「人格教育」

というのも日本の特徴の一つであり、後の章で詳述しますが、この「人格教育」の価値観のなかにこそ『論語』や儒教が根を下ろしていきます。

もし「日本の古き善き価値観」がダメになったと感じるなら、その大きな原因は、戦後の「学歴社会」——正確にいえば「学校歴社会」にあったと筆者は考えます。つまり日本社会は、ある時期まで、

「一流の大学に入れさえすれば、後は一流の会社に入って生涯安泰《あんたい》に生活できるはず」という道筋を持ち得ていました。東大出身者であれば、よほどのことがない限り役員になれたという会社が昔は少なからずあったのです。しかも日本の大学は、いったん入学してしまえば、卒業は比較的ラクという特徴がありました。

こうなると「とにかく勉強していい大学に入らなければ」「大学のブランドこそ大事」という方向性へ親や受験生が殺到するのは当然の流れ。いくら公教育が「人格教育」を頑張ったとしても、社会全体としては真逆の「つめ込み教育」「受験競争」へと寄っていってしまったのです。

そして、こちらの面を重点的に担ったのが塾や予備校。実は学校というのは基本的に（現在の）文部科学省の管轄《かんかつ》下ですが、塾や予備校は経産省の管轄下。もし文科省が管轄していれば、塾や予備校は主に「補習」や「できない子のかさ上げ」のための機関になったといわれているのですが、そうはならず、受験競争を過熱化し、学校歴社会を下支えする主体となっていきました。

いわば「人格教育」がタテマエ、「受験競争」をホンネとする形で戦後日本の教育は進んだ面があり、後者の過熱化に耳目《じもく》が集まるたびに、日本の「道徳教育の崩壊」――結果はさておき、過程にかんしては実際はまったくそんなことはなかったのですが――が叫ばれたりもしました。

†「日本人らしさ」を作る価値観

ここで改めて、今まで出てきた価値観をもう一回振り返ってみましょう。

(1) 年齢や年次による上下や序列のある関係や組織を当たり前だと思う
(2) 生まれつきの能力に差はない、努力やそれを支える精神力で差はつく
(3) 性善説で人や物事を考える
(4) 秩序やルールは自分たちで作るものというより、上から与えられるもの
(5) 社長らしさ、課長らしさ、学生らしさ、先生らしさ、裁判官らしさなど、与えられた役割に即した「らしさ」や「分（役割分担と責任）」を果たすのが何よりいいこと
(6) ホンネとタテマエを使い分けるのを当たり前と思う
(7) 理想の組織を「家族」との類推で考えやすい
(8) 組織や集団内で、下の立場の「義務」や「努力」が強調されやすい
(9) 教育の基本は「人格教育」

さらに、ここにもう一つ加えられるものがあります。

⑽　男尊女卑

この点は、そもそも『論語』が古代の思想なので、仕方のない面もあるのですが、それを受け継いだ儒教でも、この価値観を強めはすれ、弱めることはありませんでした。

もちろん、これらの価値観のなかには儒教文化圏といわれる中国や韓国に共有されているものも少なからずあります。ただし、こうした価値観自体の有無や比重の置き方、そこからの発展のさせ方、他の思想との関係（日本でいえば神道や仏教）、地理や風土の影響などを受けて、日・中・韓の違いは生まれてきた、と筆者は考えています。

こうした意味で、次章以降でとりあげていく「日本人らしさ」「日本人あるある」の特徴も、個々を取り上げれば、日本人だけの特徴を意味するとは限りません。そのまま「中国人あるある」「韓国人あるある」、それどころか「イギリス人あるある」「アメリカ人あるある」と共通するようなものも多数存在しています。ただし、そういった「らしさ」の要素が折り重なったところに、日本人の「他にない特徴」が宿ってくるのも、また確かだと考えています。

Ⅱ　学校ではどうなっているのか

第4章　結果が出ないのは努力不足　学校で無意識に何を教わっているのか①

日本の教育の大前提

ここからは、「〇〇人らしさ」が知らず知らずのうちに刷り込まれていく主戦場の一つである、幼児・児童教育について取り上げます。

『論語』や儒教の価値観は、濃淡はありつつも「幼児・児童教育における当たり前」の元となり続けてきました。前章までで登場した一〇の価値観を、今の公教育に当てはめると次のようになります。

- **年次による先輩・後輩関係が当たり前――①「上下や序列関係が当たり前」**
- **「できないのは努力が足りないからだ」という指導――②「努力・精神主義」**

●子供は基本的にいい子というタテマエ――③「性善説」
●学校が一方的に決めた校則を、とにかく生徒は守らされる――④「受け身の秩序・ルール」
●学生らしさ、先生らしさ、校長らしさなどが求められる――⑤「らしさと分のしばり」
●生徒の個性化はタテマエで、集団指導に頼るのが現実――⑥「ホンネとタテマエ」
●先生がお父さん・お母さんで、生徒が子供たち――⑦「家族主義」
●現場の教員に対する過剰な負担のおしつけを当然視する――⑧「下の義務偏重」
●日本の学校教育は「徳育」を担うことが大きな柱――⑨「人格教育」
●女性管理職、特に校長の比率の低さ――⑩「男尊女卑」

現在、変わりつつある面、変えようとしている面がそれなりにあるにせよ、『論語』や儒教の価値観の根深さが、よくわかる話なのです。

しかしこの一〇の価値観は、あくまで江戸時代から明治にかけて日本人に刷り込まれていったであろう価値観を、時代背景から割り出しただけのもの。当然、「これ以外にないのか」「このなかで特に教育現場で重視されている価値観は何なのか」といった疑問が浮かんできます。

こうした疑問を解くために筆者が着目したのが、日本とアメリカとの教育比較の研究でした。

もともと無意識の価値観というのは、それが無意識であるがゆえに、なかなか自分では気づけない面があります。ところが、違う価値観と比較してみると、その特徴や意味が一目瞭然になったりするのです。

この点で、アメリカというのは、面白いことに教育の価値観が日本と真逆の面を持っています。

一九七〇年代以降、こうした事実に気づいた日米の研究者たちが、さまざまな教育比較の研究成果を積み上げていきました。それを筆者なりにまとめたのが、別表（94頁以下）になります。日本側の特徴とされるものの多くは、第2章と第3章で取り上げた『論語』や儒教の価値観とそのまま紐づけられるものばかり。

ただし、これらはあくまで研究者の見解であり、しかもかなり古いものまで含まれています。またある時期以降、実は日本とアメリカは、お互いの良い面を取り入れようとして相互浸透が進んだ面もあります。

そこで筆者はさまざまな教育関係者に取材し、別表を見せながら、

「ここに描かれている日本の教育の特徴や価値観というのは、妥当だと思いますか」

と質問をしていきました。すると、ほとんどの人から、

「これは日本の教育の大前提ですね」

と返されたものが次の三つだったのです。

(2) 生まれつきの能力に差はない、努力やそれを支える精神力で差はつく

(11) 集団の帰属重視、集団の教育力を活かす

(12) 「気持ちを考える」ことこそ人格教育の基本

前章までの価値観としてすでに登場している(2)に加え、その起源を確実に特定するのが難しいにしろ、やはり『論語』や儒教の価値観に紐づいている(11)と(12)が登場してきます。

ここからは、この「教育の大前提」と指摘された三つの価値観を軸にして、前章までで登場した価値観を絡め合わせつつ、日本の教育と『論語』や儒教の価値観との関係を探っていきたいと思います。

別表　比較教育学の研究による日米の対比

日本	アメリカ
集団の帰属重視。集団の教育力を活かす	個人の自立重視
《日本の「学級」があらゆる活動を組み込んで、生活共同体的性格を強く示しているのに対して、欧米の学級内活動がきわめて限定的であること、すなわち機能集団的性格を明確に示していることは明らかである》（『学級の歴史学』柳治男、講談社選書メチエ） 《もし今日、「アメリカ的」と言えるアメリカの育児観の特徴があるとするならば、早い時期から個人主義と自立が求められる度合いではないかと思われる。一九七三年にある研究者が述べたこと、つまり、個人主義は「アメリカ的子育ての最も安定して目立つ特徴である」という言葉は、今も二〇年前と同じく真実であろう》（『育児の国際比較』恒吉僚子、S・ブーコック編著、NHKブックス）	
「性善説」寄りで子どもを考える	「性悪説」寄りで子どもを考える
《アメリカ人の伝統的家庭教育を「動物モデル」にたとえるならば、性善説的立場から自然に則した成長を強調した日本人のしつけは、「植物モデル」になぞらえることができよう。元来、邪心がない子供を軌道から外れた時に粘り強く方向を正すという日本の伝統的発想は、	

まさに、わざわざ曲がろうとして変形してしまったわけではない植物に、添え木をするのと似ている。実際、日本近世の育児論には、子育てを植物の栽培にたとえることが少なくなかったようである》（『人間形成の日米比較』恒吉僚子、中公新書）

学校も人格教育の主体

人格教育の主体は家庭

《日本では、子どもの人格形成に第一義的に責任を持つのは家庭であるという了解がアメリカのように学校と親の間に確立していない。勉強という学校教育と同じことに家庭が介入し、子どもを塾にやらす一方、本来家庭でなされるべきしつけや世界観の伝達を学校がやるといわれている》（『岩波講座 現代社会学〈12〉こどもと教育の社会学』井上俊、岩波書店）

学校に継続的な小集団活動がある

小集団活動はあっても一時的

《日本の小学校は、アメリカには存在しないような数多くの協調行動の場、そして、それを通じて、感情移入能力の練習の場を与えていると考えられる。班、日直や多様な係りが存在し、作業を集合的に受け持ったり、学校をまとめていく役目を担っている（中略）アメリカでは、班単位の集団作業も、日直の指示による活動もない。小集団が利用されても、一時的なものであり、概して、学科内活動に限られている》（前掲『人間形成の日米比較』）

欠点を埋める方向に行きやすい	長所を伸ばす方向に行きやすい

《日本の教師たちは得意な分野を引き上げようとするよりも、苦手な分野を底上げしようと働きかけることが多い。それは、一つに全面発達や全人教育を教育の目標としやすいことによるだろう。また、高校の受験が特にそうであるが、多くの科目の総合点で決まるようになっている。私の知人がまるでオリンピックの「十種競技」みたいだ、と言っていた》（『アメリカの学校文化　日本の学校文化』臼井博、金子書房）

「気持ちを考える」ことこそ人格教育の基本	形式やルールなどの方法論をまず教える

《アメリカの教室で見られるこうした処遇から、「個性」と「創造力」は本来誰もが持っているものだが、それは努力と鍛錬によって引き出され、しかるべき「型」に入れて提示されてこそ発揮されるもの、との理解がうかがわれる。高度で抽象的な考えも、既存の定型の組み合わせで表現することで、より容易にそして正確に伝えることができる。そのような「技術」に重点が置かれているとも言えよう（中略）日本で調査した教師四人の間でも、「良い」とされている作文には共通の基準があった。それは「生き生きとして気持ちの表現があるもの」だった。さらに三人の教師はより具体的に「心の動きが描かれているもの」と説明した。反対に悪い作文とは、起こった順番に出来事だけが書いてある、単なる「出来事の羅列」に終始した作文である》（『納得の構造　日米初等教育に見る思考表現のスタイル』渡辺

雅子、東洋館出版社）

生まれつきの能力に差はない、差は努力でつく	生まれつきの能力に差がある

《アメリカの人々はアジアの人々よりも、子どもの学業の成功や失敗を生まれつきの能力と無能力とによると思いがちであり、アジアの人々は、学業の出来、不出来の説明では、環境の諸要因と子ども自身の努力にいっそう関係が多いとしたことが明らかになりました》（『小学生の学力をめぐる国際比較調査』ハロルド・W・スティーブンソン、ジェームズ・W・スティグラー著／北村晴朗、木村進訳、金子書房）

†才能に応じた教育

まずは、

「生まれつきの能力に差はない、努力やそれを支える精神力で差はつく」

という教育の大前提について。

これと逆の考え方を持つのがアメリカですが、実は、昔は日本と同じように「生まれつきの能力に差はない」と考えるのが主流でした。それが二〇世紀になってから転換します。そのきっかけの一つが一九〇五年にA・ビネなどが考案し、後にさまざまなバリエーションを生んだ「知能テスト」。

このテストはもともと「知能の発達度」を測るために考案されました。たとえば、一〇歳の子供が平均的に解ける問題を、八歳の子供が解ければ、その子は発達度が高いと見なされ、ＩＱが高いと診断されます。逆であれば、低く出ます。こうして正常に発達している子供と、発達の遅い子供を見分ける、というのが当初の狙いだったのです。

ところがこうした「知能テスト」はやがて「知能の優秀さ」それ自体を測るものとして受け取られるようになり、アメリカの教育界で大いに活用されます。科学的に知能の優秀さが測れるなら、それを使って本当に頭脳が優秀な子供たちに集中的に教育資源を振り向けよう、と。

これだけ聞くと、われわれ日本人にはやや理解しづらいような話ですが、スポーツでたとえるとこうなります。

まず、学校で生徒すべての一〇〇メートル走のタイムをとります。そのうえで、いい成績をとった生徒だけにアスリート育成の教育資源を振り向けるわけです。足の遅かった子には別のもっと適性のある場所で頑張ってもらおう、と――。

スポーツの世界でいえば、当たり前の話でしょう。問題は「知育」に関しても、同じ発想を受け入れるか否か。

アメリカの場合は、公立の小学校にも普通に「ギフテッド・クラス（天賦の才能がある子向けクラス）」があり、優秀な子はそちらのクラスで特別な教育を施します。以後も、才能があればあるほど、それに応じた教育環境が与えられるのですが、反面で、才能がないと大した教育が受けられず、落ちこぼれやすい現実があるのです。

†欠点を少なくしていくのが聖人

片や日本では、

「生まれつきの能力に差はない、努力やそれを支える精神力で差はつく」

という価値観が根づいているため、どんな人間でもうまく習慣づけ、努力すれば、苦手を克服して、他の人と同じようなことができるようになるはず、と考えがち。

筆者が子供のころ、学校で先生が生徒に班などを作らせて、その連帯責任で、班のメンバーが同じことをできるようにする、といった教育手法が使われていたことがありました。たとえば跳び箱が苦手な子が、長い時間かかって同じグループの子に助けられながら跳べるようになり、先生も「みんなの可能性を信じていたよ」と、ひとりごつ――。

取材した教育関係者の人々も口々に、

「『うまくいかなかったのは、努力していなかったからだ』といった言い方をしないと、教育では何も成り立たないですね」

「保育園も同じです。『ダメだったのは努力していないから』とか『やればできる』という言葉はよく使います」

と述べていました。もちろん、最終的な到達度の差や、向き不向きの問題は出るにせよ、まずは可能性を信じてみんなで努力してみよう、これが日本の教育の大原則なのです。

さらに、日本とアメリカとでは、

「どのような方向性で努力するのか」

という点にも大きな差があります。すなわち、

●日本――欠点やできていないところを埋める方向に努力する

●アメリカ――長所を伸ばす方向に努力する

という真逆の傾向が出やすくなるのです。

まずは日本。『論語』のなかには、

◆君子は、人の美点を発揮させてやるが、悪い点は目立たぬようにする。小人はこの逆だ(49)

というように、人の美点や長所に焦点を当てるという内容が含まれています。しかし全体を覆っているのは、「至らない面をうめる」という方向性。なぜなら、『論語』や儒教における教育とはそもそも「人格教育」を意味するから。

『論語』や儒教において、人格を磨くさいには、欠点を少なくして円満な人格となることが重視されてきました。しかも人格という言葉の示す範囲は広く、高めたり、埋めたりすべき対象はあまりにも多く存在します。

このいい例が、『論語』にある孔子の有名な「人生の述懐」の一節。

◆孔子が言った。「私は一五歳のとき、学問によって身をたてようとした。
三〇歳で自立した。
四〇歳になって自分の進む方向に確信が持てるようになった。
五〇歳で天命を自覚した。
六〇歳で人の意見を素直に聞けるようになった。
七〇歳で、心のままに振舞っても、ハメをはずすことはなくなった(50)」

実はこの一節、裏から読むと面白い光景が見えてきます。

「孔子でさえ、一四歳までは学問に志さなかった。
二九歳まで自立できなかった。
三九歳まで迷いっぱなしだった。
四九歳まで天命を知らなかった。
五九歳まで他人から忠告を受けると、バカヤローと思っていた。
六九歳まで欲望のままに振る舞うと、ハチャメチャやっていた……(51)」

なんだか孔子が一挙に近所の身近なおじさんぽくなってしまうのですが、孔子といえども、晩年に至るまで自分の欠点や不足を自覚し、それを埋め続けていったのです。ましてやわれわれ凡人をや、という感じでしょうか。

こうした傾向に、さらに輪をかけたのが、朱子学でした。

　朱子学では重要な前提がある。それは万人が聖人に到達できるということである。これは一見、人間の可能性を温かく見る思想のようであるが、実際にはそのようには機能しない。むしろ人間の道徳的可能性を信ずる分、現実の人間に厳しくなる。いわば百点を取れるはずなのになぜ五十点しかとれないのかというように、人間の欠けている部分をクローズアップするのであって、いわばマイナス思考の傾向を持つ。(『江戸の朱子学』土田健次郎、筑摩書房)

《百点取れるはずなのになぜ五十点しかとれないのか》というのは、受験生を持つ親が、子どもについつい言ってしまいそうなセリフではないでしょうか。

こうした「人格観」や「聖人観」が文化的に浸透した結果、日本人が「努力」という場合、欠点や不足を埋める方向での努力を、当たり前だと思いやすいのです。

†苦手科目を克服する努力

さらに筆者が取材した駒込学園の久保昌央副教頭は、次のように指摘していました。

「日本の学校の授業は画一的で、履修する科目とかが全部お膳立てされています。ところがニュージーランドとかオーストラリアに行くと、高校や中学でも授業が選択できて、自分の得意なところを伸ばせるんです。画一的ではないんです。だから日本の学校で使う『普通科』という言葉、非常に英語に訳しにくいんですよ。

日本の場合、生徒としては選択肢がないなかで同じような教育だけ受けさせられて、ある特定の軸だけで評価されてしまうことになります。他の軸がないのが問題なんですね。特に公教育では、中学一年生で履修する範囲はこれ、二年生はこれ、という縛りが文科省から決められているので、どうしようもないですね」

これは言葉を変えると、こうなります。文科省は、各教科、各領域、各学年で教師に対して、学校経営に求める内容を定めています。こうなると、もしそれぞれの新入生になんらかの穴があった場合、高校では、

「高校入学時に知っているべき知識やしつけを身につけていない。中学で一体何を教えていたんだ」

となってしまうのです、以下それが小学校、幼稚園と連鎖します。裏を返せば、そういわれないようにするため、下の学校では穴埋めにいそしむしかなくなってしまう――。

逆にアメリカでは、有名なハーバード大学の受験資格には年齢制限がありません。また、基本的に文武両道のバランスのとれた生徒が好まれますが、一芸に飛びぬけていれば、満遍なく勉強ができなくても入学が可能なのです。さらに公教育は自治体の責任であり、教科書も国が検定したものを使うわけではなく、内容が結構バラバラ。なので、アメリカ国内で学生が違う自治体に引っ越ししたりすると、知識に穴ができてしまうことも普通におこります。

一言でいえば、生徒の能力や学力に凸凹があってもいい、個性を伸ばせればいい、というのがアメリカなのです。

対する日本では、特に公立の偏差値の高い学校に行きたければ、各科目の学習指導要領の範囲を満遍なく習得しないと、試験に合格できません。ある意味で、「漏れ」が許されないのです。ただし昨今、大学受験においては試験制度が大幅に変わりつつあり、一芸入試やAO入試がかなり普及しているのも事実。

ところが対照的に、近年受験生が急増している中学受験では、いまだに各教科もれなく点が取れないと難関校には入学しにくい現状があります。つまり、

「苦手科目を克服するための努力」

が継続的にできる子でないと、受験では勝ち残れないのです。

一言でいえば、上から与えられたパッケージ化された知識を欠けるところなく習得するのがよい、というのが日本なのです。

こうした価値観には、もちろん良い面も悪い面もあります。

韓国や台湾、香港、シンガポール、中国などは、同じ儒教文化の背景を持っているため、日本と価値観が近く、努力することが当たり前で、しかも穴を埋める方向での努力を惜しみません。取材した教育関係者の一人は一時期シンガポールに教員として派遣されていた

のですが、

「シンガポールの家庭は、日本と本当にそっくりで、違和感はまったくありませんでした」

と述べていました。

だからこそ、国際比較の学力調査で、これらの国々は常に高い順位につけています。いささか理想的に過ぎるにせよ、

「子供に生まれつきの差はほとんどなく、その後の習慣や努力、教育によって差がついていく」

と考えて教育する方が、全体の学力平均は確実にあがるのです。

†内発的な動機づけの弱さ

一方で、こうした「穴を埋めるための努力」は、飛びぬけた才能を十全に開花させるのには不向き。下手をすると寄ってたかって角をとって丸くしてしまい、「子供の時は神童だったのに……」という結果を生みがちになります。

もう一つ、動機づけがしにくい、という大きな問題も孕《はら》みます。

当たり前ですが、自分の得意な面を伸ばしていく、というのは誰しも楽しいことであり、

内側から「やる気」が湧き上がってきやすいもの。しかし自分の欠点や弱点を埋めていくというのは基本的に楽しくありません。内側から湧き出る「やる気」を原動力としがたいのです。

実際、われわれが子供に「勉強しなさい」と口にしたときなど、子供に、

「なぜ勉強しなきゃいけないの」

と返されてしまうことがあります。そもそも、楽しみを感じにくい方向で勉強させているので、出て当たり前の問いかもしれません。そこでのわれわれの答えも、

「将来に役立つから」

「あなたのためだから」

「いま勉強しておかないと、大変なことになるぞ」

「先生や親が期待しているんだから」

といった、将来得られるであろうあいまいな利益や逆に危機感の提示、親や教師などの期待に応えることを求める形になってしまいがち。「勉強が楽しいから」「わくわくするから」とは——自分の子ども時代の経験からしても——なかなか言えなかったりします。逆に第2章で触れた、

「**社長らしさ、課長らしさ、学生らしさ、先生らしさ、裁判官らしさなど、与えられた役**

割に即した『らしさ』や『分（役割分担と責任）』を果たすのが何よりいいこと」

という価値観をもとにして、

「中学生らしく」

「受験生なんだから」

と。それぞれの立場や役割を強調することで、「努力や頑張りは、今の君たちの立場の義務なんだよ」という論理を押しつけたりします。

後は、模試などの偏差値を使って「偏差値が上がってすごい」「偏差値が三も下がって合格圏内から落ちそうだ、頑張らないと」といった、数字と競争によるモチベーションの焚き付けを活用するくらいでしょうか。第7章で詳述しますが、この構図は実社会に出てもそのまま引き継がれる面があります。

こうした学びに対する内発的な動機づけの弱さが、今でも批判の対象となる、ある改革の引き金にもなりました。

†ゆとり教育の意味

二〇〇二年から施行された、いわゆる「ゆとり教育」にかんしては、その賛否や功罪について、さまざまな議論が交わされてきました。筆者が注目したいのは、そもそもなぜ

「ゆとり教育」が必要とされたのか、という点。その象徴的な事例が、「日本人は学力が高いが、その科目を好きでない生徒の割合が非常に高い」というショッキングな国際比較の調査結果だったのです。

一九九九年のＩＥＡ（国際教育到達度評価学会）における中学二年生を対象とした三八カ国に対する調査で、日本は理科の得点は、シンガポール、ハンガリーに続いて三位でした。

いろいろ言われますが、日本人は昔と変わらずお勉強はできたのです。

ところが、理科を「大好き」「好き」と答えた生徒の割合は、国際平均が七九％なのに対して五五％。これは最下位の韓国五二％に継ぐ悪い数字。韓国も、儒教的な影響の強い、穴埋め式のつめ込み教育の国であることには留意すべきでしょう。

さらに「理科が生活に重要と思っている」「科学的な職業に将来就きたいと思っている」という割合が、それぞれ四八％と二〇％で、いずれも最下位。ちょっと極端にいえば、「理科のお勉強はできるけど、好きでもないし、人生の役に立つとも思っていないし、受験が終わったら忘れたい」

と思っているような生徒が、他国と比較してとても多いのです。「苦手の克服」「できないところを埋める」「やらされ感が強い」といったなかでは、当然の結果だったのかもしれません。

しかし、このように内発的な動機づけがきわめて弱い状態で技術立国を担う人材や、イノベーションをおこせる人材の輩出など、夢のまた夢。

この問題を受けて、いわゆる「ゆとり教育」は登場したのですが、ご存じの通りうまくはいきませんでした。先述した久保昌央副教頭は、

「ゆとり教育の時は、いろいろな授業をやりました。たとえば、教員が自分の趣味を活かして将棋の授業とかやったりしました。そのとき生徒はイキイキしていましたね。そのころの生徒は、問題を自分で解決する力や物事を多面的に見る力、論理的に考える力はあったと思います。しかし受験のシステムが変わらなくて、結局、潰れていきました」

と述べていました。大本の教育制度、特に試験制度が「網羅的な知識の習得」「欠点の克服」を必須とする仕組みのなかで、それを変えずにいくら「ゆとり」といったところで、長所や一芸を伸ばしたり、生きる力を身につけるという方向には全体として行きにくかったのです。

†若者の自己肯定感の低さ

さらに、ここまで見てきた価値観が関係する、と解釈できる日本人に特徴的な二つの心性があるので、ご紹介しましょう。

二〇一四年に実施された、日本を含めた七カ国の満一三〜二九歳の若者を対象とした意識調査から、次のような結果が出て大きな話題になりました。いずれも内閣府のHPからの資料です。

「自分自身に満足している」「自分には長所がある」という質問、ともに調査国中で日本は最低の数字だったのです。「日本の若者はなぜこんなにも自己肯定感が低いのか」と社会的に大きな議論を呼びました。この点は研究者の間で議論があり、「日本人はタテマエ

図表1　自分自身に満足している

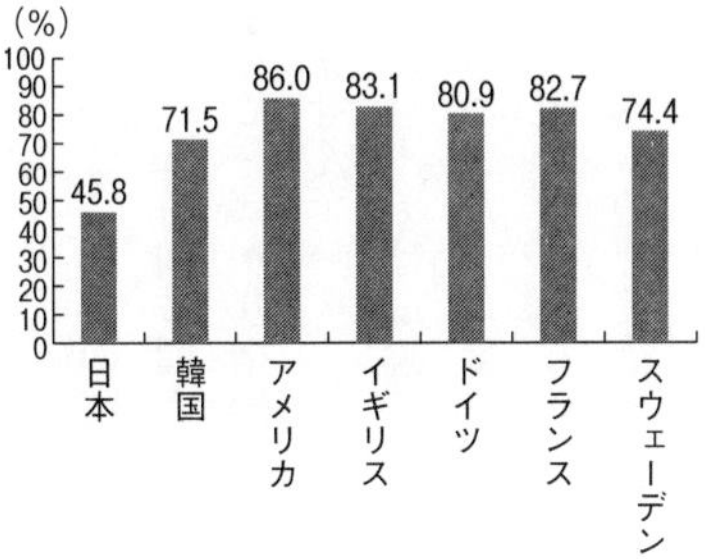

（注）「次のことがらがあなた自身にどのくらいあてはまりますか。」との問いに対し、「私は、自分自身に満足している」に「そう思う」「どちらかといえばそう思う」と回答した者の合計。

図表2　自分には長所がある

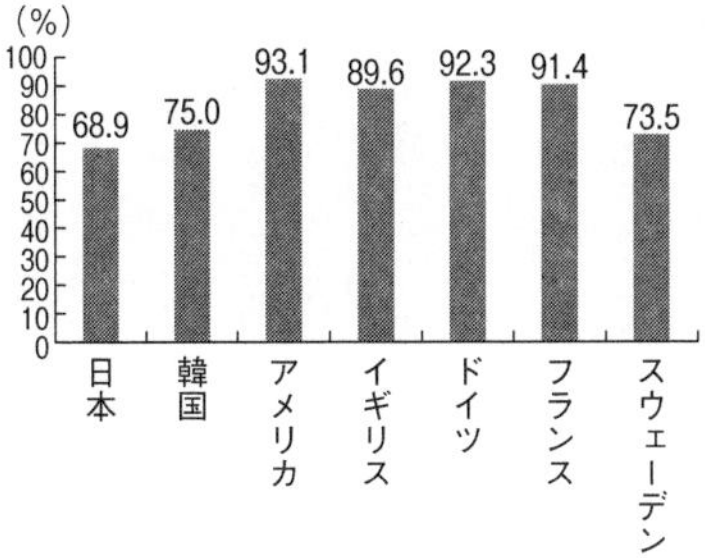

（注）「次のことがらがあなた自身にどのくらいあてはまりますか。」との問いに対し、「自分には長所があると感じている」に「そう思う」「どちらかといえばそう思う」と回答した者の合計。

で答えやすい」「自己卑下することで、逆に満足感を得ている」といった指摘もあります。

しかしここまでの内容と紐づけていうなら、日本の教育は、「苦手の克服」「弱点の底上げ」という方向に傾きがちなのが大きな理由だと見なせるのです。自分のできないことや苦手なことばかり指摘され、やらされている若者が、自己に肯定感や自信を持てるはずがありません。

また日本では『論語』や儒教の影響から「謙虚」「謙遜」が貴ばれ、

「自分はまだまだです」

「まだ大したことないです」

と述べるのを美徳とする面があります。そして、自分をまだまだと思っているからこそ、向上し続けられる、というのは中国古典によく出てくるロジックの一つ。

ですから「自分自信に満足しているか」と問われて、「今の自分は、とても満足できるレベルではありません」と答える若者が多いのは——もちろん冗談ではありますが——伝統的価値観からいえば、謙虚で向上心に富む素晴らしい若者を大量生産できている状態にある、といえなくもないのです。

もう一つ、

「**生まれつきの能力に差はない、努力やそれを支える精神力で差はつく**」

という価値観の、特に「努力で差がつく」という部分。これは、

「努力をすれば、必ずいい結果がかえってくる」

「うまく成長できれば、それに見合う成果がある」

という考え方を往々にして内包します。『論語』にもこんな一節があります。

◆人から認められないことを、気に病む必要はない。自分にそれだけの実力が備わっていないことの方が問題だ(52)

この言葉、裏を返せば、実力が備わるまで成長したなら、その結果として周囲は必ず認めてくれるはずという期待が表明されているわけです。いくら成長しても結果などついてこないし、悲惨な人生しか待っていないとなれば、人は「成長しよう」「努力しよう」などと思わなくなりますから、ある意味で当然の話かもしれません。

もちろん、こう思って本人が努力するだけなら、おそらく問題はないのですが、実はこうした考え方は、似ているけれども、微妙に違う次のような価値観に移行してしまいがち

なのです。

「成功した人間は、それに見合う努力をした人間だ」

孔子の言葉はあくまで「期待の表明」なのですが、こちらは「因果関係」へとズレています。

私の知人の二十代の女性が、こうした価値観の象徴ともいえるような言葉をSNSで漏らしていました。

「しあわせは、がまんして耐えて頑張ることの対価だと思っていた」

こうしたものの見方を「公正世界仮説」といいます。これ自体は問題なさそうな考え方ですが、実はこの考え方が、さらに次のようにひっくりかえりやすいのです。

「うまくいっていない人間は、それに見合う努力をしてこなかった人間だ」

おそらくこれが一因になって、日本では次のような調査結果が出てしまった、と筆者は考えます。

二〇〇七年、アメリカのピュー研究所が、各国の意識調査を行いました。そのなかに、

「政府はひどい貧困に陥っている人を助けるべきか」

という項目があるのですが、日本は「完全に同意する」という答えが一五%で、調査国中ダントツの最下位。「おおむね同意する」を加えても五九%でやはり最低の数字だった

のです。苛烈な競争社会だと思われているアメリカでさえ、それぞれ二八％と七〇％。

なぜこのような結果が出るのか。端的にいえば、生活に困窮している人間を努力不足とみなし、自助努力を万能視しやすいから、と解釈できるのです。何せ、「もともとの能力にそれほど差はなく、しかも、努力すればそれに見合うだけの成果がかえってくるはず」

という価値観を刷り込まれた人々の多い社会。ゆえに経済的に不遇なのは、努力していないからに違いない、と考えてしまうわけです。これは現代でも、生活保護受給者へのバッシングのさいによく出る批判でもあります。

人の可能性を信じ、努力を推奨する文化は、もちろん素晴らしい点をたくさん持っています。しかし、反面でそれも人間が作ったものである以上、当然、悪い面も含んでいます。だからこそ、バランスのとれたものの見方ができないと——その刷り込みが強烈であればあるほど——人や社会への見方が柔軟性や多面性を失いかねないのです。

第5章　集団指導　学校で無意識に何を教わっているのか②

†「知育」と「徳育」を兼ねた集団指導

「日本の教育の大前提」である三つの柱、

⑵　**生まれつきの能力に差はない、努力やそれを支える精神力で差はつく**

⑾　**集団の帰属重視、集団の教育力を活かす**

⑿　**「気持ちを考える」ことこそ人格教育の基本**

のうち、この章では二つ目の

「集団の帰属重視、集団の教育力を活かす」

を取り上げます。この点については、四〇年以上にわたって公立小学校の教員と校長を務めてきた筆者の伯父が次のように述べていました。

「日本の教育はこのコンセプトにもとづいていて、いろいろな手法を導入しています。職員室では、『これを教えるのに、どういう集団でいくのか。個々なのか、隣の子とペアを作るのか、班か、学級か、学年全体か』とよく教員同士が議論していますよ。そのなかで『個々でいい』というのは意外に少ないですね。また、何か問題が起こったときに、教員のなかには『集団解決の方がいい』『集団解決の方がきれいだ』という人もいます。そういえば校長の話というのも、『みんなで』『みんなの力で』『協力して』といった言葉をよく使いますね。『一人ひとりの力で』とはいわないですね」

なぜ、ここまで集団を重視するのか。文科省の出している『生活指導提要』に端的な指摘があります。

集団指導には、一人一人の児童生徒が所属する集団内で、互いに尊重し、よさを認め合えるような、望ましい人間関係を形成し、共に生きていく態度をはぐくむなど、他者との協調性を育成するという側面があります。

児童生徒は協調性をはぐくむために、集団での活動を通して、他人を理解するとともに、自分の感情や行動をコントロールできるようになります。

集団指導と個別指導については、集団指導を通して個を育成し、個の成長が集団を発展させるという相互作用により、児童生徒の力を最大限伸ばすことができるという指導原理があります。

つまり、人は集団で育まれる、と考えるのです。日本の公教育は、塾とは違って「知育」だけではなく、「徳育」「体育」「食育」までを守備範囲としますが、その「徳育」の要ともいうべき「協調性」「思いやり」を育む源泉がこの「集団指導」に他なりません。そして、これは日本人の素晴らしさと同時に、日本人への呪いを生み出す源泉でもあるのです。

これに対してアメリカでは、日本と比べると、伝統的に個人の確立が社会の中核だ、と見なす傾向があります。そして個人間の競争を肯定的に評価し　そのなかで人は鍛えられ、成長できると考えるのです。こちらのキーワードは「強い個人」とでもなるでしょう。

もちろんアメリカの学校にも集団活動はあります。しかし、それはあくまで特定の目標を達成するための一時的なもの。だからこそ一九九〇年代くらいから、アメリカのビジネス界では、こんな問題が提起されるようになります。

ひとりひとりの管理職のＩＱが一二〇をこえても、集団ではＩＱ六三になってしまうことがなぜ起きるのか？（『最強組織の法則』ピーター・Ｍ・センゲ／守部信之他訳、徳間書店）

継続的な協調関係をうまく学んでこなかったがゆえの、組織的成果の出しにくさ――こうした問題の解決のために生まれたのが、日本の組織のあり様から学んだ「学習する組織」という概念でした。

こうした流れを受けて、アメリカの学校教育でも、一九九〇年代から協調性の育成を主眼とする「協同学習」が行われるようになりました。

ところが実際に各学校に「協同学習」を導入するさいには、先生たちに対して「いかに協調することが素晴らしいのか」「協調とは決して個人の弱さの発露ではない」[53]と、ことさら説明せねばならず、しかも、共感力を伸ばすよりも学力向上が目標となり、さらに、

協同学習を行っている教室は小集団を組ませて協力しなければ、最後のテスト等の結

果が出ない形になっているのだが、他の教室では子どもが隣の子どもに話しかけると、すぐに注意されたり、あげくの果ては「今は協同学習の時間じゃないのだから自分でやって」等といわれたりもする。(『「教育崩壊」再生へのプログラム』恒吉僚子、東京書籍)

と、われわれ日本人からすると、ギャグのような話もあったとのこと。

逆に日本の場合、授業での班や隣とのペアなどで、できる子ができない子の面倒を見、教えるのは当たり前の光景ですし、学校行事や部活でも先輩が後輩に指導する——たとえ後輩の方が優秀で、自分がポジションをとられかねないとしても——のが当たり前だったりします。

この点でも、日米では大きく価値観を異にしているのです。

†集団に馴染み、そこから外れないという美徳

さて、日本的な「集団の教育力の活用」には、一つ大前提があります。それは「集団でいることは楽しい」「集団行動することが当たり前」とまず子供たちが思えること。「自分は一人の方がいいので、他の人と組んだり、班に入りたくありません。無理に入れられても協力しません」

といった子供ばかりでは、そもそもこの教育手法は成り立ちません。

だからこそ、たとえば日本の幼稚園の入園式では、とにかく子供たちが「入って楽しい」「みんなと一緒にいて楽しい」と感じさせる仕組みが一杯。式中に泣いてもしゃべっても、怒られません。この点、保育士の私の従妹も、

「入ってきた園児たちは、まず自由遊びで、園や集団に馴染んでもらえるようにしています」

と述べていました。

一方、アメリカの幼稚園ではまったく様子が異なります。

（入園時に）幼稚園ではどのようなことをして過ごすのか、幼稚園でやって良いこと・悪いことは何かなど、先に見たアメリカのC幼稚園で徹底したオリエンテーションがはかられていた（『幼稚園で子どもはどう育つか』結城恵、有信堂）

まずは生活ルールの徹底が図られるのです。では、教えられたはずのルールが守れなければどうなるのか。「タイムアウト制」といわれる退場措置がとられることがあります。

（アメリカのタイムアウト制）教室内の活動を妨害した者は、教室の隅に椅子とともに移動させられる。子どもがなぜ、教室の隅に移動させられたのか考える時間を与えた後、先生がその子どもと直接話し合い、行動を修正する意志があるかどうかを確認する（Tobin, et. al. 1989, Peak 1991）。それでも、言動が改められない場合には、その子どもを、タイム・アウト・センターという別の教室に送り、そこでの専任の先生による監視のもとで自習をさせられることもある（恒吉 1992）。（前掲『幼稚園で子どもはどう育つか』）

高校や中学ばかりでなく、幼稚園でもこうなのです。この背景にあるのが、イギリスやアメリカ社会の背景にある「自由主義」の考え方。第6章で詳述しますが、社会や組織の根底にがっしりとした法やルールがあるからこそ、その基盤の上で個々が自由に振る舞える、と考えるのです。裏を返せば、個を中心に考えているからこその、ルール徹底の重視。それなくして個が自由に振る舞えば、生まれるのは混乱だけでしょう。

†みなと遊べない子をどう評価するか

集団への帰属を重視する日本と、個の確立を重視するアメリカ——こうした日米の違いに関しては、次のような笑い話もあります。

●自分の子供が幼稚園で、みなと遊ばず、一人でじっと本を読んでいたとします。日本人の両親がその姿を見たときの、よくある反応は、
「うちの子、他の子と仲良く遊べないなんて、問題あるんじゃないの」

ところがアメリカ人のよくある反応は、

「うちの子は、特別なものを持っている子だ、すばらしい」


ところが、この話を保育士の従妹にしたところ、

「日本の方は、昔はそうだったけど、今は変わってきていますね」

と返されました。今は、集団に入らず一人遊びしている子供を見ても、別に問題はないと考える親――特に海外生活の経験者――も増えてきているそうなのです。さらに保育士のなかにも、「この子、集団遊びができていない」と心配する人と、「それでいいじゃないか」と考える人がいるとのこと。


まえがきで「論語濃度」には濃淡がある、と述べましたが、個人と集団との関係についての親や先生の考え方は、まさしく濃淡が出やすくなっているところなのかもしれません。

ただし、前述したように公教育ではやはり集団指導の考え方が基本になっています。で

すから、そこに違和感を持つ親は、個性化教育をうたう私立学校やインターナショナルスクールを選択したりもするわけです。

しかし、なぜ近年になって集団指導に疑問を持つ親が増えてきたのでしょうか。もちろんグローバル化によって欧米的な価値観が流入してきたから、という事情もあるのですが、もう一つ、日本ではある時期から、集団指導自体が大きな矛盾を抱えるに至った経緯があるのです。

†集団指導と個性化の相克

筆者は、取材した教育関係者たちに、こんな意地の悪い質問を投げかけてみました。

「一九八〇年代から、日本でも『個性化』がいわれるようになりましたが、集団での教育と矛盾してしまう面はないのですか。『個性化』というのは、当然『自立』や『自己主張』を含みますが、集団を重視する場合は『従順であれ』『みなに合わせろ』に、なってしまう面があると思うのですが」

日本では、一九八五年の臨時教育審議会第一次答申において「個性重視の原則」が示されて以来、教育の現場には「個性化」が求められるようになりました。

これに対する私の伯父の答えはこうでした。

「個性化、というのはタテマエですね。

最大の問題は生徒数です。先生たちはもちろん生徒の個性化の手助けをしたいのですが、生徒の数が多すぎて一人ひとりの生徒を見る、というところまでなかなか手が回りません。たとえば、生徒たちを褒めるためには、生徒一人ひとりを適切に見ていなければいけません。これはとても難しいんです。褒めたことがピタッと合わないと、生徒には響かないですね。

ですからどうしても『いかに集団をうまく回していくのか』の方にいってしまうんですよ。集団から外れるような子が出た場合――個性化という意味では、本当はいいことなのかもしれませんが――集団にもどそうとしたりします」

確かに、日本の教育の特徴の一つに、細かい校則を持った学校の多さがあります。日本の学校が校則で定めているような些細な決まりは、アメリカの学校であればほぼすべてフリー。では、なぜそんなに細かく、しかも意味のない校則を押しつけたがるのか。

それは校則違反が、集団から外れようとするわかりやすいサインだから。「服装の乱れは心の乱れ」という言葉がありますが――アメリカ人に言わせれば「服装の自由は心の自由」となりそうですが――「下らないことでも決められたことは守る」という、いわば検査機にわずかでも引っかかった生徒には、先生から「集団に戻れ」「従順であれ」という自動応答のような指導が入るわけです。これなら生徒の人数が多くても対応可能でしょう。

また、海外からの帰国子女が、集団学習ばかりの日本の学校に馴染めなかったり、「協調性がない」「自己主張が強すぎる」といったマイナス評価を教師からつけられる事例も、いまだに普通に見られます。

この点で、伯父は鋭い指摘をしていました。

「いい先生というのは、集団を手段にしている先生ですね。逆にダメな先生というのは、集団を目的にしています。だからいい先生というのは、集団活動に必ず『終わり』をきちっと作ってあげますし、活動のゴールをちゃんと示して、ゴールに入ったら力を抜かせるようにします。同じ人間関係でがんじがらめにしないんですね」

前掲の文科省の『生活指導提要』にもありましたが、集団指導の目的は「児童生徒の力を最大限伸ばすこと」でした。最終的に個々人の力が育たなければ、教育として意味がないはずなのですが、日本の教育は下手をすると「集団自体の維持」「集団からはみ出させないこと」が目的になってしまうわけです。そして――残念ながら、というべきでしょう――生徒たちも、長い学校生活のなかで結局はこの価値観に馴染んでしまい、こと公的な場においては、

「集団からはみ出すのはいけないことだ」

「個性を出すのはまずいことだ」

という無意識のしばりを持ってしまったりするのです。

†「目に見えない集団」の活用

こうした集団指導の活用は、日本人の特徴とされる二つの心性にかかわっている、と解釈することができます。順にご紹介しましょう。

まずは、幼稚園の集団指導において、特徴的な指導方法がある、という指摘があります。

ちなみに引用した書籍は、「日本人らしさ」なるものを考える上で必読書といえるほど示唆に富んでいます。


集団活動で先生が子どもに対応する過程では、「目に見える」集団以外に、「目に見えない」集団も使用されることが判明した。(中略)お行儀の悪い方たち、けじめのつけられる/つけられない人、などが、その集団に該当する。そうした集団を用いるとき、先生は、だれがその集団に属しているのかを特定しない。そのため、その集団は子どもにとっては、「目に見えないが処遇は受ける」集団となる。

「目に見えない集合名」の使用は、「仲間はずれにされるかもしれない」という心理的圧力をひとりひとりの子どもに与えて、子ども自らの逸脱修正を誘導する。(以上、前掲『幼稚園で子どもはどう育つか』)

なるほど筆者が幼稚園時代、先生はこんな注意の仕方をしていました。

「きちんとお座りできない子はいませんか」

「まだおしゃべりしている悪い子は誰ですか」……

もちろんこうした言葉の真意は「みんな座っているのに立っている子」や「静かにすべきときに話している子」に注意するためのもの。でも、直接的には叱らず、

「座っているいい子／お座りできない悪い子」

「静かにできるいい子／しゃべっている悪い子」

という目に見えない区切りの集団を二つ作って、「前者のグループはいいけど、後者のグループはよくないですね、頑張って前者のグループに入れるようにしましょう」ようながしているわけです。保育士の私の従兄弟も、

「このやり方はよく使いますね」

と述べていました。そしてこの指導法、面白いことに『論語』にそっくりな形のものが

存在します。それが以下のような、「君子」と「小人」とを対比した一節。

◆**君子**は、みなと仲良くするが派閥はつくらない。**小人**は、派閥はつくるがみなとは仲良くしない(54)

◆**君子**は、行動に際して義を優先させる。**小人**は、利を優先させる(55)

◆**君子**は、見るからにゆったりとしている。**小人**は、いつもこせこせしている(56)

君子とは、目指すべき立派な政治家や指導者のこと。小人というのは反面教師にすべき人のこと。この二タイプを対比させることで、孔子は弟子たちに、

「きみたちはぜひとも君子を目指しなさい、間違っても小人にはなるなよ」

と諭しているわけです。そして、いずれの言葉においても、誰が君子で、誰が小人かは特定されていません。ですからこれを聞かされて、

「マズイ、自分は『小人』に当てはまる、直さなければ」

と悟った弟子がいたとしても、皆の前で名指しされているわけではないので、体面を潰さずに済むわけです。これはまさしく「目に見えない集団」を活用した指導法。

孔子を幼稚園の先生に置き換えるなら、

「まだ和のできない小人さんはいませんか」
「まさかこのなかに利をむさぼっている小人さんはいませんよね」
「ダメな小人さんは誰ですか。ぜひ君子さんになりましょうね」

と弟子たちに諭しているわけです。孔子は歴史上、目に見えない集団を見事に駆使した最初の著名な教育者になるのかもしれません。

これは弟子や子供たちに、それとなく自分の過ちを気づかせ、行動を変えさせるという意味で、とても巧みな指導法ですが、実は一つ大きな問題を孕《はら》むのです。

日本的いじめの淵源

「目に見えない集団」の問題点とは、子供たちがよくも悪くも、先生のやり方を真似し始めてしまうこと。

子どもどうしのあそびの過程では、「ちよちゃんは、おまめのおまめ」という表現に顕著に現れているように、排斥の対象を「目に見えない集団」というオブラートに包むという配慮はない。子どもは、その対象を特定することもあるし、固定的にとらえることもある。また、排斥の対象を自分たちの対象に取り込もうとするわけでもない。むしろ、子どもたちのあそびでは、その対象を自分たちの仲間から外す排除がおこなわれることも観察された。「いじめ」の一因も、この構造的な死角にあると考えられる。
子どもは、その属性間の差異を固定的に価値づけてしまう。なぜなら、属性そのものは変わらないからである。子どものあそびのなかでは、先生の意図に反して、「男の子は、すぐにたたくから、仲間に入れてあげない」「けいちゃんには無理だよ。5歳になってないから」等の会話が飛び交う。（以上、前掲『幼稚園で子どもはどう育つか』）

子供たちも、先生を真似て「仲間／仲間はずれ」という関係を駆使するようになっていきます。

しかし、先生とは違って、子供たちは《オブラートに包む》ことはせずに個人を直接的に排除します。しかもその対象が「年齢」や「性別」「外見」「特定のおもちゃを持っているかどうか」など、本人にはどうしようのないものだったりするのです。

先生の場合は、あくまで成長を促すために、その場で改善できるものだけを対象にしていました。しかし子供の場合はこれが「排除」の道具、つまりいじめのもとへと変質してしまうのです。

日本のいじめの顕著《けんちょ》な特徴の一つに、「何かをする」のではなく、「何かをしない」という形をとること、があります。たとえば「一緒に遊ばない」「仲間に入れてあげない」「無視する」「ハブにする」「〜外し」……。

これは、まず

「集団で一緒にいるのは楽しい」

「みなと一緒にいなければならない」

という価値観の刷り込み——裏を返せば、集団から離れることへの不安——を持たせることが基盤になっています。この意味から言えば、日本に限らず海外でも「物理的、心理的に逃げにくい集団」に所属せざるを得ない状況があると、こういったタイプのイジメはおこりやすくなります。

日本の場合、もう一つのいじめの特徴として、いじめをする子／いじめられる子／傍観する子の関係が、固定的ではなく、突然変わる傾向が指摘されています[57]。

つまり、今までいじめっ子グループにいた人間が、突然いじめの標的になり、しばらくするとそれを傍観していた人間が標的となり……。

これは「目に見えない集団」が恣意的に、深い理由などなく作れてしまうことと関わってきます。力でクラスを支配しているような子どもやグループが、「あいつムカつく」といえば――つまり「ムカつく個人・集団／ムカつかないその他の人間」という見えない集団に分ければ、それだけでいじめの対象が決まるわけです。そして何にムカつくかは、気分次第。

集団の枠組みの操作という手法は、うまく使えば教育の強力な武器になりますが、それは残念ながら先生だけの専有物ではなかったのです。

†空気を読む

さらに集団指導の活用は、もう一つの日本人の特徴的な心性を生んでいきます。

子どもは個人が集団の一員として扱われること、集団間が比較され価値づけられることに馴染んでいきながら、「目に見えない集団」を利用しておこなわれる「目に見える集団」との包摂／排斥関係に取り込まれていく。その過程で、子どもは、自分と集団との関係、集団と集団との関係を読みとる方法、先生の要求を察知し、自分の行動を調節する方法を学習するようになる。すなわち、先生がその場で要求している知識、技能、規範から逸脱した行動が何なのかを、全体からのズレで知り、自分が「お客様」「仲間はずれ」にされないかぎり自分の行動が逸脱していないことを確認し、行動調整する方法を習得していく。(前掲『幼稚園で子どもはどう育つか』)

日本人の特徴とよくいわれる「空気を読む」という行動の源泉が、ここから出てくるのです。

子どもたちは、先生によってその場が今、どのような集団に区分けされているのか、そこでの上下関係は何か、そして先生が要求していることは何かを機敏に感じとり、そこからズレないよう無意識に、しつけられていくのです。

同じことは小学校でも起こります。先述した、

「職員室では、『これを教えるのに、どういう集団でいくのか。個々なのか、隣の子とペアを作るのか、班か、学級か、学年全体か』とよく教員同士が議論していますよ」

という指摘がその象徴。先生はクラスでさまざまな集団を作り、それをうまく回していくことで「集団学習」を達成しようとします。生徒に自主性を発揮させるために先生が前面に出ないこともありますが、当然、裏で手綱《たづな》は握っています。

逆に生徒の側からすれば、集団のなかで先生が何を求めているのかを敏感に感じとり、その意に沿うことで、褒めてもらえたり、先生のお気に入りになったり、いい点数をつけてもらえるわけです。これは第2章に出てきた、

「秩序やルールは自分たちで作るものというより、上から与えられるもの」

という価値観がまさしく刷り込まれる場、ともいえるでしょう。子供たちは与えられた枠のなかで、「自分がどう動けばいいのか」を無意識に感じとり、それに沿おうと振る舞います。特に小学校からは調査書（いわゆる内申書）があり、いい中学に入学したければ、こうした行動が必須にもなります。

ただし幼稚園や小学校の場合、先生がその場にいる限り、先生が全体の「空気」をコントロールしていました。では、もしそういった存在がいなかったとしたら――。

その組織やグループにいる人はみな、お互いに「今の集団をまとめている枠組みや価値観は何だろう、どこにあるんだろう」と気持ちを読み合いつつ、動かざるを得なくなります。この点で、劇作家の鴻上尚史《こうかみしょうじ》さんに卓越した指摘があります。

（TVの）大物司会者の能力とは、番組の全体を把握《はあく》し、番組の進む方向を見極め、時間通りに進行させることです。つまりは、番組の「空気」を決め、維持《いじ》し、安定させることなのです。（『「空気」と「世間」』鴻上尚史、講談社現代新書）

そう、場を操る幼稚園や小学校の先生、大物司会者などがいれば、そうした人々の作る空気を読んでいればいいわけです。しかし、もしいなかったら――。

あなたは、現実生活の中で、大物司会者がいないのに、必死で「空気」を読もうと怯えていたことはないですか？（中略）そんな場で、「空気」を読もうとすること自体、不毛なことなのです。まず読まないといけないのは、「空気」ではなく、この場には、大物司会者がいるのかいないのか、ということなのです。

そして、そんな存在がいなければ、そこには、安定的で持続した「空気」が生まれる可能性はとても低いということが分かるはずです。生まれるのは不安定でくるくると変わり、方向性もない混乱する「空気」だけです。

それを、力のある「空気」だと怯えてしまうと、問題はとてもやっかいなことになります。

正体不明の幽霊として、その「空気」は、実力もないのに、あなたを圧倒することになるのです。（前掲『「空気」と「世間」』）

われわれは確かに、こういう社会を作り、生きている面があります。その源泉は、幼稚園や小学校の教育、さらに遡《さかのぼ》れば江戸時代以来の価値観にあったと解釈できるのです。

†和して同ぜず

最後にこの章の内容と関係すると解釈できる、『論語』や儒教の教えを見ていきましょう。

集団の協調性に関していえば、次の言葉がとても有名です。

◆(孔子の弟子の有子の言葉)礼には、和の心が通っていなければならない(58)

◆君子は、協調性に富んでいるが雷同はしない。小人は、雷同はするけれども協調性には欠けている(59)

後者の書き下し文は「君子は和して同ぜず。小人は同じて和せず」となります。ここに出てくる「和」と「同」の違いは、伝統的に次のように説明されています。

「和」――お互いに意見をいうべきときにはいい、諫言すべきときには諫言しつつ、最後には協調できる態度。

「同」――親分が白いものを「黒だ」といえば、「黒です」といってしまうような同質化のこと。

「和」というと、単に「調和すること」「争わないこと」「表面上なか良くすること」と考えてしまう人もいるのですが、本来の意味は大きく異なるのです。

さらに、孔子の指摘する「和」と「同」の違いは、先述した「手段」と「目的」の違い、という観点からも解釈することができます。

まず「同」というのは「集団を目的」とする態度。だからこそ、集団がバラバラにならないよう、集団から外れないよう、ひたすら「同じであること」を求めます。日本の学校の細かい校則の押し付けは、まさしく「同」の典型的な振る舞いといってよいでしょう。

一方、「和」というのは「集団を手段」とする態度。だからこそ、何らかの目的達成のために腹蔵なく意見を言い合い、諫言し合い、そして団結もできるのです。

第2章で触れたように、もともと儒教では、「親子関係（逃れられない関係）」と「君臣関係（目的があって集まった関係）」とを分けて考えていました。この点からいえば、「和」とは「君臣関係」にこそ求められる態度に他なりません。

逆に「親子・家族関係」「夫婦関係」の方は、「同」でも良い部分があります。お互いに密着し合ったり、依存した家族や親子、夫婦の関係を築いていたとしても、お互いにそれで幸せならば何の問題もないわけです。

ところが第2章で触れたように、

「理想の組織を『家族』との類推で考えやすい」という価値観が日本にはあり、本来、目的があって集まったはずの企業や公的機関などでも「親子関係」との類推でその組織が考えられやすいのです。このため、本来「和」であるべきところに「同」が入り込みやすくなります。

経営論のグルだったピーター・ドラッカーに次のような指摘があります。

「和」の精神こそ、この五〇年間に今日の日本を築き上げた方々、私が四〇年前の初訪日以来親しくさせていただいた方々と、その同僚の方々の偉業だった。(『明日を支配するもの』ドラッカー／上田惇夫訳、ダイヤモンド社)

しかし、ここでいわれている日本的特徴の「和」のなかには、少なからず「同」に近いものが紛れ込んでいたのかもしれません。空気や実力者、声の大きい人などに操られながらの……。

第6章

気持ち主義　学校で無意識に何を教わっているのか③

己の欲せざるところ、人に施すことなかれ

「他の人に迷惑かけちゃいけませんよ」

「人から変な目で見られますよ」

こんな言葉を子供のころに聞かされて育った経験をお持ちの方、結構いらっしゃるのではないでしょうか。筆者も子供のころから耳にタコができるほど聞かされてきました。また、筆者が企業研修のときなどに、

「『他人《ひと》様《さま》に迷惑かけちゃいけませんよ』と、ご両親やおじいちゃんおばあちゃんからいわれた経験のある人」

と、質問をすると受講者の大部分から手が上がったりもします。

しかし、そもそも「迷惑」とは何を意味するのでしょうか。日本の幼児・小学校教育の場合、

「自分がもし相手の立ち場だったとして、されたらイヤだと感じること」

となる場合が多いのです。だからこそ、こんな風な叱り方が日本では一般的。

「どうしてあなたはすぐ人のことを叩くの、自分がAちゃんだったとして、叩かれて嬉しいの？」

「いじめられるヤツの気持ちになって見ろ」

実際、文科省が出している『幼稚園教育要領解説』にはこうあります。

自分の視点からしか物事をとらえられない幼児には、自分の行動がどのような結果をもたらしたのかを自分の視点とは異なった視点、特に、他者の立場から考えるように働き掛けることが重要である。

こうした教師からの働き掛けを受け入れられるかどうかは、幼児との関係の有り様が深くかかわる。信頼関係がなければ、幼児は教師の言うことに従って、よい行動を行ったり悪い行動を押さえたりする気持ちになれない。

これは、『論語』にある、次の有名な教えそのものに他なりません。

◆子貢がたずねた。
「なにか一言で生涯の信条としたいような言葉がありましょうか」

孔子が答えるには、

「恕であろうか。つまり、自分がして欲しくないと思っていることは、人にもしないことだよ(60)」


ここに出てくる「恕」という徳目は、そのまま読むと、

「他人の気持ちは正確には理解できないとしても、少なくとも自分がされてイヤなことはしないでおこうよ」

といった一般的な社交のマナーのようにも解釈できます。しかし、『論語』には次のような問答もあるのです。

◆孔子が曾子に向かって、「参《しん》（曾子の字《あざな》）よ、私の守りとおしてきた道はただ一つだよ」と語りかけた。曾子は、「はい、承知しております」と答えた。

孔子がその場を去ってから、弟子の一人が「今の言葉どういう意味でしょうか」とたずねたところ、曾子はこう答えた。

「先生のおっしゃった一つの道とは忠（ここでの意味は真心や良心）と恕、これである[61]」

「恕」とは、身近な弟子の目から見て、孔子自身も生涯貫こうとしていた徳目の一つでした。聖人である孔子の生涯の信条が、社交のマナー程度の意味ではないはずだということで、この言葉は伝統的に、

「もし自分が相手の立場だったとして、されてイヤなことはしない」

という内容も含む形で解釈されてきました。単語を並べるなら、「思いやり」や「共感」、「同情」といったニュアンスが重なってきます。この言葉は、今でも東アジアにおいて「黄金律」と呼ばれ、道徳の基本ルールになり続けています。

✝他人と自分とは似たり寄ったりという前提

こうした伝統的な解釈からいえば、先ほどの叱り方というのは、「お前、『恕』ができてないじゃないか」という言い方に他なりません。つまり、

「自分がされてイヤなこと、人にしているだろう」

と子供に諭しているわけです。取材した教育関係者はみな一様に、

「**『気持ちを考える』ことこそ人格教育の基本**」

と述べていましたが、これはまさしく「恕」をベースとした人格教育に他ならないのです。

ただしこの考え方には、ある前提が不可欠になります。それは、

「自分と他人とは、似たり寄ったりの『気持ち』――特に、好悪や価値観――を持っている」

といえること。前に触れた帰国子女の話に象徴的ですが、文化が大きく違っていると、どのような態度が相手に不快感を与え、逆に好意を持たれるのかも異なってきます。他人と自分とはどうせ似たり寄ったりなどという前提をあてにできません。

この意味で、大本の孔子の時代、『論語』や儒教が浸透した江戸時代、そして比較的最近までの日本は、仲間内や村々、クニで比較的似たり寄ったりの文化的背景がありました。だからこそ「恕」は「生涯の信条」たりえたのです。

さらにこの前提は、必然的に次の信念を形作ります。

「自分の『気持ち』をきちんと理解すれば、それが他人の『気持ち』を理解することにそ

のままつながる」

なにせ「自分と他人とは、似たり寄ったりの『気持ち』を持っている」はずなのですから……。このためにまず自分の気持ちを見つめ、理解することが、第一ステップとして非常に重要にもなってきます。

日本の公教育では、人格教育の大きな柱として、隣とのペアや班、クラスなどを使った「集団指導」を多用するなかで、こうした「共感」「人の気持ちになって考える」ことを教え込もうとしてきました。[62] 二〇二〇年から順次施行される新指導要領[63]の保護者向け解説パンフレットにも、「道徳教育」が次のように説明されています。

「自分ごととして『考え、議論する』授業などを通じて道徳性を育みます」

日本のユニークなところは、この考え方が道徳の授業だけではなく、教科学習にも組み込まれていることなのです。

†自分の気持ち

国語の作文教育において、日米間で考えさせられる特徴の違いが浮き彫りになっています。以下は、先生から「読書感想文を書きましょう」といわれたときのアメリカ人（前者）、と日本人（後者）のそれぞれの反応。

「どの形式で書くの？　物語それともエッセイ？」

「けんたの気持ちになって書けばいいの？」

――作文実験で聞かれたアメリカと日本の児童の質問より――（『納得の構造　日米初等教育に見る思考表現のスタイル』渡辺雅子、東洋館出版社）

これはどういうことなのか。アメリカでは「何かを書く」という場合、まず徹底して形式を教えていきます。たとえば、それがエッセー（小論文）であれば、まず結論を書き、その後に論拠を三つ並べ、最後にもう一回結論を書いて完成、といったように。

先生からの評価も、内容の独自性はもちろん、形式に則った形できちんと書けているのかが最重点事項。(64)

『戦略子育て』などの著書で知られる三谷宏治KIT虎ノ門大学院主任教授は、こうしたアメリカ式指導の前提について、次のように述べていました。

「アメリカ人は、そもそも表現したいものを持っているから、形式を教えるんです」

確かに「他人と違うこと」や「自己主張」を良しとするアメリカでは、

「自分なりの意見を持つこと」

が推奨され、小さい頃から教育の場でそうした訓練を続けています。だからこそ形式をきちんと教えて、自分の意見を伝わりやすい形に変換する術を身につけさせようとするわけです。

ところが日本はまったく違います。みなさんもご経験があると思いますが、先生が作文の課題を出すときに、よく口にするのが、

「思ったことを書いてみよう」

「感じたままに書けばいいんだよ」

といった言葉。

また読書感想文であれば、「登場人物に共感して、その気持ちになってみる」ことが推奨されたりします。ここで一つ留意すべきは、作文に書かれている主人公の気持ちとは、ある状況に置かれたときの生徒自身の気持ちに他ならないこと。要は、「自分の気持ち」の掘り起こしなのです。

なぜ日本の作文教育がこうなったかの理由については、次のような指摘があります。

　大正期の初めには新たな作文教育を模索する中から、子どもが自ら自由に課題を取材し、子ども自身の言葉で書いてゆく「随意選題方式」が提唱され、書く技術を磨くため

の練習を目的とした「課題方式」との間で激しい論争が起こった。論争自体は決着がつかなかったが、結果として教育現場で受け入れられたのは前者であった。「随意選題方式」では、綴り方は実用ではなく「人格修養」を主たる目的とする教科なので、教師はまず書こうとする「児童の心を培養すべき」であると述べている。日本の学校で観察された、技術よりもまず書く態度を養う指導理念は、大正期のこの論争結果に起因すると考えられる。(前掲『納得の構造　日米初等教育に見る思考表現のスタイル』)

大正時代、日本でもアメリカと同じように、きちんと形式から教えていくべきだ、という議論がありました。しかし《人格修養》《児童の心を培養すべき》、という理由で「随意選題方式」――子どもが自由に作文のテーマを選んだり、自分が思ったままに書くということが定着していったというのです。なぜなら、

「自分の気持ちを掘り下げていくことが、他人の気持ちを知ることにそのままつながり、ひいては共感能力、道徳性を磨いていく」

という理路が、「恕」からは導き出せるからなのです。

ただし、こういった日本式の作文教育しか受けていなかった生徒が、そのままアメリカの学校に行くと、論述スタイルを無視した小論文を書いてしまい、「まったく能力がな

い」という最低の評価を下されてしまうことがあります。

先述した三谷教授は、日本のかかえる根本的な問題として、次のような指摘もしていました。

「日本人の子供の場合、表現したいものを持っていないんです」

なぜなら、子供の時から「大勢に逆らわない意見」や「親や教師が期待していること」「教科書に書いてあること」を述べないと、褒めてもらえなかったり、良い点数をもらえない環境にいた場合があるから。裏を返せば「自分なりの意見」、特に大勢に逆らう意見や、教科書に反する意見を下手に述べたりすると、怒られたり、評価を下げられたりもします。

実際、筆者も子供のころ「思ったように書けばいいんだよ」と先生から言われても、何も思い浮かばず、仕方なく先生が納得してくれそうな「自分の気持ち」を作文に書いたりもしていました。

もちろん学校や地域によっても大きく変わってくる話だと思いますが、これは第5章でとり上げた集団指導や、帰国子女の問題とそのまま繋がる論点でしょう。

†真心は相手に通じる

こうした「人の気持ち」を重視するという教育手法には、もう一つ関係してくる中国古典の教えがあります。ただし、こちらの価値観は現在では時代遅れになりつつあるようですが……。

それが『孟子』という古典にある次の一節。

◆まごころを尽くして、それでも感動させられないものは、この世にない〔至誠にして動かざるもの、いまだこれあらざる也〕（『孟子』離婁上）

日本ではよく「至誠、天に通ず」といいますが、その原典になった言葉に他なりません。誠実な心というのは、天にも他人にも必ず通じてくれるはずだ、と——。

実際、日米で国語教科書に使われた題材のテーマを比較した研究に、次のような指摘があります。

やさしさ、相手の気持ちを考えるということをテーマとした話は、日本の教科書に一六篇も見られ、一大人気テーマである。いずれも、やさしい心は、必ず相手に通ずるという信念に裏打ちされているものである。

（アメリカの教科書では）米国を構成する原単位である強い個人、すなわち、自我が確立し、自己の客観的な認識ができ、自己主張でき、自立心、独立心が旺盛で、自己責任をまっとうし、強い意志で状況と対決するとともに、他者を個人として尊重できるアメリカ人が強調される。（『アメリカ人と日本人』今井康夫、創流出版）

そう、日本では「真心（誠実さ、やさしさ）」は必ず相手に通じるはず、という信念が教科書の題材において特徴的なのです。この点でも「強い個人」を強調するアメリカとは対照的。

この根底に、「性善説」に近い考え方――さきほどの孟子がまさしく「性善説」の提唱者――があるのは明らかでしょう。根っから悪い奴は基本的にいない。話せばわかり合えるし、理解すれば人の嫌がることはやらなくなる、と……。

こうした考え方の教育での端的な表れが、日本の幼稚園や小学校教育での、子供への叱り方。

時には、幼児の行動が一見困った行動に見えても、それを通して幼児を肯定的に見ようと積極的に努めてみることも大切である（中略）例えば、わざと砂山を崩しに来る幼児を「悪いことをしている」と見て、それをただそうとすると、逆にその行為を助長してしまうことがある。ところが、「一緒に砂遊びをしたい気持ちの表現」と見て、その幼児の理解者としての態度を示すことで、その幼児と他の幼児たちが一緒に遊べるようになる。そして、このような繰り返しの中で友達と遊ぶ楽しさを実感し、自然に相手を思いやったり、感謝したりという行動が見られるようになるのである。（『幼稚園における道徳性の芽生えを培うための事例集』文部科学省）

たとえ幼児が悪いことをしても、幼児の気持ちになってみれば、その子の思いがわかるはず。そうであれば頭ごなしに怒るのではなく、別の対処の仕方で幼児を導けるはずだ、と。

実際に日米比較の調査では、日本では教師も親も、悪いことをした子供に、

「まず言って聞かせる」

という傾向がアメリカよりも強く出るそうです。それが悪いことだとわかっていなかっ

たから、その子はやってしまった、きちんと理解すれば必ずやらないようになるはずだ、と。[65]

では、なぜこの価値観が時代遅れになりつつあるのか。一つには、いくらタテマエで「悪い奴はいない、話せばわかる」といったところで、学校の現実として「いじめ」があり「学級崩壊」があり、悲惨な事件が日々報道されている社会の現実があるからです。多くの教育関係者も、

「『子供はもともといい子』が学級経営の大前提ですが、いま教員の間では揺らいでもいます」

と口をそろえて述べていました。

たとえば、クラスに学級崩壊の原因になるような子供がいても、タテマエとして親に「あなたの子供が悪い」「混乱の元凶です」とは、まずいえません。そもそも腹を割っての話し合いなどできないのです。そして実際に学級崩壊がおこると、その原因は教員の指導力に帰せられてしまう――。

また、いじめに関しては、いくら誠実でやさしい人間でも、誰かに「ウザい」と思われてしまえば、いじめの対象となりかねないのが現実の姿。しかも学校の現場では「集団解決」を好む先生がいたりしますから、

「いじめた方も、いじめられた方も、同じ人間だから、腹を割って話したら、後は同じ集団にもどって仲良くね」

といった教育的措置が取られたりします。そして、いじめられていた側は、大勢いる加害者から話し合いの場で吊るし上げられ、後でさらに陰湿ないじめを受けてしまう——最悪の場合、そんなことが起こったりします。

タテマエとは、ある種の理想の体現ではあるのですが、それだけでは制御できない強烈な現実が存在しているのです。

†人の心理の襞を考える

では、このような教育を受け続けると、人はどうなっていくのか。

まず幼い頃から「気持ち」が学びの中心に据えられているため、その過程が深まっていくにつれ、

「人の心理の襞《ひだ》を考える」

「言葉や行動の裏にあるものを考える」

といった方向に思考が当然進んでいきます。

実際、日本とイギリス、スウェーデン、そして韓国それぞれの児童や生徒に同じ絵本を

読ませて感想を書かせるという比較研究が行われたさい、日本人に端的な特徴がいくつか出ました。

絵本には、主人公の男の子と、擬人化されたリンゴの木が出てきます。擬人化されたリンゴは男の子の望むものをひたすら与え続け、最後には切り株だけの姿になってしまいます。しかし最後に「自分は幸せだった」と述べて物語は終わります。

問題は、このリンゴの木の最後のセリフをどう捉えるか。

「りんごの木」が幸せだったというのはたてまえだけで本心ではないと推量する日本と、幸せだといっている以上幸せなのだと理解する他の三カ国との社会・文化の違いが、子どもたちのこの物語の理解をこうも大きく分けるのである。

登場人物の表面的な言動からはわからない感情や気持ちを想像、推量する傾向（矛盾解消型、二重構造型の両方）は、英国、スウェーデンの子どもに比べて、日本の子どもにたいへん多い。（以上、『子どもとファンタジー』守屋慶子、新曜社）

一一、一二歳児段階の比較でいえば、登場人物の気持ちを裏読みする割合は、韓国、イギリス、スウェーデンはともに三割以下。ところが日本では五割を超えています。

この、「人は言っていることと、内心で思っていることが違う」と子供が思ってしまう背景には、ホンネとタテマエの使い分けを当たり前に行っている日本社会の姿が反映されているのではないか、と著者の守屋慶子先生は解釈しています。

本書の観点でさらに付け加えるとするなら、教育現場で「共感」や「気持ち」の読み取りを重視し続けた結果として、出るべくして出たのではないか、とも推測できます。なぜなら、みなさんは子供の頃、国語の授業などで先生からこんな問いかけをされなかったでしょうか。

「主人公は、ここで笑っているけれども、本当はどういう気持ちだったか考えてみよう……」

人の気持ちを深掘りしていく以上、こういった心の襞の読み取り方は必然にもなっていきます。実際、日本の国語の授業を観察した海外の研究者は、日本人は主人公に共感することで、深い読み込みをすることに特徴がある、と述べてもいます(66)。

学校内の小集団では「共感力」「感情移入能力」を鍛えられ、作文では「自分の気持ち」「主人公の気持ち」を考えさせられ、そのうえに「気持ちの裏読み」までしていく――。ある年齢から、ここに受験が加わります。

受験などのさい、国語のテストで良い点数をとるコツというのをご存じでしょうか。そのひとつは、

「試験の出題者が、受験生に何を答えさせたいかをうまく見抜くこと」

つまり「出題者の気持ち」が忖度《そんたく》できること。素直に「自分の意見」や「自分の見方」を書いてもなかなか良い点はもらえません。

こうして受験にパスして、良い会社に入った後に出世するのは、往々にして、

「上役の気持ちや意図を忖度して先まわりできる人」

もちろん海外でも似たような例はあります。しかし日本の場合、教育を通じて「忖度」の訓練を受け続けていることもあり、特に優秀になればなるほど、その分厚さが違うのです。

さらに日本人は、自分が所属している集団内の人間関係を読み取る能力が高い、という社会学の調査結果があります[67]。逆にアメリカ人はこれが上手ではなく、筆者は外資系企業に勤める友人からこういわれました。

「アメリカ人は職場内の人間関係を見抜くのがうまくないので、うちの会社でマネージャーになったアメリカ人は、『職場内の人間関係を見抜くための研修』を受けるんですよ。日本人にはやりません」

これも小さいときから「共感」や「人の気持ちを考える」ことを叩き込まれてきたがゆえの能力の高さなのでしょう。

✝ルールより気持ち

さらに日本では「気持ち重視」の教育を受け続けるため、大人になっても「気持ち」が無意識の判断のもとになっていきます。いい例が、まえがきの冒頭で紹介した以下の対比。

● 日本企業が何か問題を起こしたときに、誠意を見せることの意味とは、
「事情が判明していなくても、まずは謝罪すること」
アメリカ企業の場合、
「まずはきちんと原因究明をし、対策を立てること」

日本では世間に対して「まず謝罪する」「反省してみせる」が何かあった場合の基本。なぜか。まずは「気持ち」が何より重要だから。

しかし、考えてみれば、本来は何が問題の原因であり、何を謝るべきかがわからないと、きちんと謝れないのも事実なはず。筆者の英語の恩師であるバーダマン早稲田大学名誉教

授も、

「アメリカでは、問題の原因とその対策まできちんと述べるのが謝罪の意味」

と述べていましたが、合理的に考えればその通りなのです。ところが日本ではとにかく頭を下げて、まずは謝罪の「気持ち」を見せないと、受け入れてもらえません。

これは法や裁判でもまったく同じこと。みなさんはヨーロッパに旅行などで行かれたさいに「正義の女神像」をご覧になったことがあるでしょうか。

片手に剣（力の象徴）、片手に天秤ばかり（公平さの象徴）を持っている女神さまで、ヨーロッパでは街の広場によく像が立っています。この女神様、すべてではありませんが欧米では目隠しされているのが一般的。なぜか。

「情状を廃して法とルールに照らして公正に裁くのが正義」

と考えるから。ところがこの正義の女神が日本に入ってくると、多くの場合、目隠しがとれるのです。つまり、

「裁く相手の情状をしっかり見きわめて、それを考慮しつつ裁くのが正義」

という日本人好みの姿に変わるのです。言葉を換えれば、日本人は大岡裁きが大好きなのです。

実際の裁判でも、筆者の友人の荘司雅彦弁護士は、

「国選の被告人にいつも『過去の悲しかったことを思い出してでも涙を流そう』とアドバイスしていました。うまく泣けた被告人は、二カ月くらい量刑が軽くなりましたね」という実体験を述べていました。逆に開き直ったような態度を取ると、重い刑を科せられたりするそうです。まさしく厳正であるべき司法の世界にも、情実による判断が強く入り込んでいるのです。

†悪いことはしないが、良いこともしない

さらに、こうした「気持ち重視」の前提となった、

◆自分がして欲しくないと思っていることは、人にもしない〔己の欲せざるところ、人に施すことなかれ〕（『論語』衛霊公篇）

という「恕」の教えと、そこから生まれた「他人様に迷惑かけない」という価値観が、今の日本社会の一つの特徴を形作っている面がある、と筆者は見ます。この点でわかりやすいのが、聖書の有名な言葉との対比。マタイ伝に、次のようなよく知られた言葉があります。

◆人にしてもらいたいと思うことは何でも、あなたがたも人にしなさい。これこそ律法と預言者である。（『聖書　新共同訳』マタイによる福音書7・12）

「己の欲するところを、人に施せ」とよくパラフレーズされる一節ですが、欧米ではこちらがもともと「黄金律（Golden Rule）」と呼ばれていました。

この教え、「恕」とほとんど変わらない、ないしは、似たようなものだと評されたりもします。確かに雰囲気は似ているのですが、しかし、よく考えると片や「なかれ（するな）」と禁止の教えであり、片や「せよ」と奨励の言葉で、方向性が真逆なのです。

日本人の場合、こうしたマタイ的な価値観にあまり馴染みがありません。実際、筆者が企業研修をするさい、「自分のしてほしいことを人にもしなさい、といわれて育った方」と質問しても、ほとんど手は上がりません。

このマタイ伝の言葉と「恕」、二つを比べていくと、日本人は無意識に「恕」に縛られていることがよくわかります。

いい例が、日本と海外での子育て環境の比較。海外で子育てしていた人が日本にもどってくると——歌手の宇多田ヒカルさんもニュース番組で同じ内容を語っていましたが——次のような感想を往々にして語ったりするのです。

「日本は、子育てをする人間に本当に冷たい国だ。欧米で子育てをしていて、たとえばベビーカーでバスに乗ろうとするとき、周囲にいる人が何もいわずにみな自然に助けてくれた。

ところが、日本で同じようにベビーカーでバスに乗ろうとすると、誰も助けてくれないばかりか、ジャマだみたいな冷たい目で見てくる」

確かにこういわれても仕方がない面が日本社会にはあります。何でこうなってしまうのか。

日本人は「恕」の「～するなかれ」という禁止の教えを小さい頃から刷り込まれて育っているので「他人様に迷惑かけるな」一辺倒。だから、積極的に悪いことはしません。

その一方で、マタイ伝の教えのような、「せよ」という、よき行動を奨励する教えも刷り込まれていません。だから、積極的にいいこともしないのです。

しかも、困っている母親の方も、「人に迷惑をかけてはいけない」と刷り込まれていたりしますから、身内はともかく、なかなか見知らぬ他人に助けを求められません。第4章で取り上げた「努力・精神主義」をもとにした、自助「努力」礼賛の風潮がこれに輪をかけます。

さらにいえば、お互いが「恕」的なマナーで過ごしている場にいると、それがそのまま場の「空気」になることがあります。すると、ベビーカーの車内への持ち込みのような、ある種やむを得ない行為でさえ、「迷惑をかけている」といった糾弾の対象になってしまうのです。寛容度が、低くなりやすいのです。

ですから喫茶店や劇場などで、席とりのために荷物を椅子やテーブルにおいていても、まず盗まれない安全な社会を日本は維持していますが、その横で、ベビーカーの母親が階段で困っていても誰も助けない、さらにその母親も「助けてほしい」と周囲になかなか訴えられない――そんな光景が生まれてしまったりします。もちろん皮肉な意味ですが、これは実に「恕」的な光景なのです。

＊

さて、ここまで「教育の大前提」となっている三つの価値観、

(2) 生まれつきの能力に差はない、努力やそれを支える精神力で差はつく

(11) 集団の帰属重視、集団の教育力を活かす

(12)「気持ちを考える」ことこそ人格教育の基本

を中心にして、日本の教育のあり様を見てきました。

お気づきになった方もいるかもしれませんが、この三つから派生する事柄の数々は、そのまま日本の会社でも繰り返されています。日本において伝統的な学校と会社とは、双子のような関係にあるのです。

次章からは、そのさまを追っていきましょう。

Ⅲ 会社ではどうなっているのか

第7章　旗が立っていない会社と個人

†『論語』的な日本企業

日本の戦後の企業システムは——今は当然、変わりつつある面もありますが——『論語』や儒教の価値観を濃厚に宿しています。

第2章までに出てきた一〇の価値観と、第3章以降でとり上げた「教育の大前提」で登場した新たな二つの価値観を日本の伝統的な会社にあてはめてみると、次のようになります。

- **年功序列——①「上下や序列関係が当たり前」**
- **新入社員は全員、社長ないし役員候補——②「生まれつきの差はない」**

●残業や異動を断らないのが出世の基本――②「努力・精神主義」
●不祥事の温床となるチェックの甘い体制――③「性善説」
●社員がどこでどう働くかは、基本的に会社が決める――④「受け身の秩序・ルール」
●社長らしさ、課長らしさ、新人らしさが求められる――⑤「らしさと分のしばり」
●会議でホンネを言わず、飲み会でこぼす――⑥「ホンネとタテマエ」
●社長がお父さんで、社員が子供たち――⑦「家族主義」
●アルバイトや契約社員にまで過剰な責任と労働――⑧「下の義務偏重」
●仕事は修業の場で、人は仕事で磨かれる――⑨「人格教育」
●男女の賃金・待遇差別――⑩「男尊女卑」
●職場やチームのなかで、新人は育まれる――⑪「集団指導」
●空気を読んだり、忖度のうまい人間が出世しやすい――⑫「気持ち主義」

さらに、ここにアメリカとの比較という視点を入れた場合、アメリカの会社と個人、日本の会社と個人には、それぞれユニークな違いがあることが浮かび上がってきます。そして、この違いの原因は『論語』や儒教の価値観に起因するというよりも、もう一つ深いレベルである、

「欧米と東アジアのそもそものものの見方の違い」を反映する面があります。

この第7章では、日米の個人と企業それぞれのあり方の違い、そしてその根源的な理由を軸に、先の一二の価値観を絡めあわせつつ、日本の企業風土の特徴を炙り出していきたいと思います。

†旗のあるアメリカ、ない日本

日本とアメリカとを、個人と企業、二つのレベルで比べてみると、そこには面白い対応関係が浮かび上がってきます。

まず個人レベル。アメリカ人に対してはこんな指摘があります。

人々は、アイデンティティーにいつもこだわって毎日を生きている。それがアメリカの社会であるともいえる。(『異文化に育つ日本の子ども』梶田正巳、中公新書)

アメリカ人は基本的に一人一人が、「自分とは何者なのか」「自分はどうあるべきなのか」を日々問い続けている、というのです。

ただし、これはあくまで本に書かれていた話。そこで筆者は、渋沢栄一の玄孫《やしゃご》であり、アメリカ育ちの友人である渋澤健さんに「ほんとのとこ、どうなんですか」と尋ねてみました。返ってきた答えは、こうです。

「アメリカ社会は移民の国なので、そういう意味でアイデンティティ・クライシスがあり、自分は自分で良いというアイデンティティへの要求が高い国民性があるのかもしれません。また、移民の持つ多様な価値観に対して、社会も包摂的なところがあります。異国から来ても、〈You are American now〉という感覚があります」

多文化社会ゆえに、「自分らしさ」を見つめ、それをきちんと打ち出さないと、逆に「自分が何者かわからない」というクライシスに陥りかねない、というのです。さらにそうした個々の「自分らしさ」を包み込んでくれる社会や文化がある、と——。

前章までの教育という観点からいえば、アメリカには「個人」を中核に据えた教育や社会の体制があります。「個人」を確立するためには、その核ともいえる「個性」や「自分らしさ」「アイデンティティ」を育まなければなりません。だからこそ、何事に対しても、

「自分なりの意見を持って、それをきちんと他の人に伝えられる」

「人と違うことを、基本的に良いことと考える」

という個人を育てようとします。それが「個性」や「自分らしさ」の何よりの現れだか

らです。そして、「個性」は千差万別であるがゆえに、各々の得意なところを伸ばす方向に焦点があてられます。

一方、日本人に対してはこんな指摘があります。

（自分はどのような人間か、という問いを）われわれ日本人では青年期と、男性なら定年を迎える前後に集中的に発しているのではないだろうか。（前掲『異文化に育つ日本の子ども』）

裏を返せば、思春期や就職、定年以外に、日本人の男性はあまり「自分って何だろう」「何ができるんだろう」と真剣に考えない、というのです。もちろん例外も多いと思いますが、企業の男性社員などにこの話をすると、結構、大ウケするのも事実。組織人に限れば、かなりの確率で当てはまるようです。

日本の場合、教育でいえば「集団指導」や「学年ごとにパッケージ化された知識の習得」に重点が置かれ、「個性化」がタテマエにならざるを得ない状況が大本になっているのは明らかでしょう。

つまり個人レベルの比較でいえば、

●アメリカ人――「自分は何者であるのか」という旗を立てようとする
●日本人（の特に男性）――特定の時期以外、旗を必要としない

という違いが生じやすいのです。そして、同じことが企業でもおこります。

†タテマエとしての経営理念

欧米の企業、特に大企業では社是や理念といった旗がしっかりと立っているところが少なくありません。

外資系企業でカントリーマネジャー（海外支社長）を務めた常木一成さんから、筆者はこんな話をうかがいました。

「うちの会社は、昔、出張規定もなかったんですよ。ですから、出張の費用を精算するとき、どこまで私費で、どこまで会社持ちになるのか聞いたら、『企業理念を読んで自分で判断しろ』という答えが当時の上司から返ってきました。常に、判断のもとは『企業理念』なんです。だから、きちんと理解していないと仕事になりません」

さらに会社内でも、定期的に社員同士が「企業理念と自分の仕事」についてのミーティングを持っているそうなのです。

一方の日本企業。筆者は、のべ三〇社以上の企業で、幹部や幹部候補の研修に携わって

きましたが、そんななかで受講生にこんな課題を出すことがあります。

「みなさんの会社にも、社是や経営理念がありますよね。それを紙に書いてみて下さい。ただし、カンニングは禁止」

この結果は、筆者にとってはかなり衝撃的でした。ほとんどの会社の、しかも出席者全員、自社の社是や理念を完全には書けません。しかも、「半分書けた人いますか」と聞いても、ほとんど手が上がらないという惨憺たる状況。これは一般社員ではなく、選抜された幹部候補の話なのです。

また、ある有名大企業の社長にインタビューをしたときに、筆者はこういわれたこともあります。

「うちの会社は最近、経営理念をとても大切にしているんですよ。僕は全部いえないけどね」

さらに筆者は、さる有名経済団体の会頭にインタビューをしたさいにこの話をしたところ、次のように返されました。

「会社の理念というのは、作るときはみんな一生懸命なんですよ。でも、できてしまうと神棚に飾ってお仕舞いになってしまうんですね」

もちろん会社によって濃淡がある話ですが、「拝《おが》みはすれども使わず・使いものになららず」これが日本の経営理念や社是の一般的な姿かもしれません。

†旗を立てるよりも「適応」

ここまでの話、やや極端に図式化するとこうなります。

アメリカの場合、一人ひとりの頭上に「自分は○○ができます」「自分は、こういう人間です」という旗が立っています。そういった個人が、「我が社は○○という目的があります」「我が社の存在意義は○○です」という理念という旗の立っている会社に入ります。そして、お互いの旗がうまく合致すれば、長く働きますし、合っていなければ他に移るわけです。先ほどの常木さんも、次のように述べていました。

「『経営理念』がはっきりしている分、合わない人はすぐに辞めていきます。だから人の出入りは比較的多いです」

そして、自分が納得して働ける会社が見つかるまで、何回でも転職できる社会的なシステムがアメリカにはできているのです。逆に、「自分の本質」を発揮する場が仕事のなかに見出せなければ、仕事はあくまで生活費を稼ぐ手段とする、という気持ちの切り分けもしやすくなります。

逆に日本では、下手をすると一人ひとりにそうした旗が立っていません。恋愛や就職活動などのとき、突然「自分って何……」と考えたりしますが、それも一過性のものだったりします。

さらに、会社側にも多くの場合、旗が立っていません。社是や理念といった形で立っているように見えても、それは実はお飾りに過ぎません。お互い旗が立っていない同士で、何となく結びついて「和」や「同」を作り、定年までなだれ込むというのが、最近までの多くの日本企業の姿だったのです。

さらに次の日本的慣行が、会社のなかで個人が旗を持たない状況を後押しします。


日本型雇用システムでは、その企業の中の労働を職務ごとに切り出さずに、一括して雇用契約の目的にするのです。労働者は企業の中のすべての労働に従事する義務がありますし、使用者はそれを要求する権利を持ちます。(『新しい労働社会』濱口桂一郎、岩波新書)

日本以外のほぼすべての国では、会社に入るさい、「あなたの職務は会計です」「営業です」といった具体的な職務を明示した雇用契約を結びます。会社は、契約した職務以外のことを社員に強制することができません。ところが日本では、雇用契約が白紙委任状。つまり「何でもやります」という契約で入社するのが一般的。

ですから日本では——技術職や専門職はのぞきますが——経理にいた人が突然、営業の第一線に行かされるような人事が当たり前。この背景として、いろいろな職種を経験してもらうことが幹部への道だ、というジェネラリスト育成の考え方があります。これは「人の上に立つような聖人になるためには、すべてに欠けることのない円満さが必要だ」という『論語』や儒教の価値観ときわめて親和的でもあります。

しかし、こうなると、「自分は何者か」「本質は何か」などと考えるのは後回しにして、次々に与えられる役割や地位、つまり「らしさ」や「分」を果たしていかないと、周囲から評価してもらえません。

つまり日本では、会社に入ってからも、自分に旗を立てるよりも「適応」の方に重きを置かざるを得ないのです。この点で、日本の学校と企業とは相似をなしています。

†本質重視、大局重視

では、なぜこうなってしまうのか。ここまで出てきた、

「日本人は、秩序やルールは自分たちで作るものというより、上から与えられるものだ、とどこかで思っている」

「社長らしさ、課長らしさ、学生らしさ、先生らしさ、裁判官らしさなど、与えられた役割に即した『らしさ』や『分（役割分担と責任）**』を果たすのが何よりいいこと」**

「理想の組織を『家族』との類推で考えやすい」

といった価値観との関連で考えることもできますし、もう少し根本的な世界観からこの問題を解釈することもできます。ここからは西洋哲学者・谷崎秋彦先生の教えに沿いつつ、話を進めていきたいと思います。

まずアメリカの場合、背景にあるのがおそらくヨーロッパ由来の次の考え方。

「物事にはすべて本質があり、それを摑んでしまえば、それ以外のこともすべてコントロールできる」

これは一言でいえば「本質重視」の考え方に他なりません。この考え方自体は別に珍しいものではなく、現代社会のベースである科学的なものの考え方は、この端的な例でしょう。

たとえば、われわれは、運動や摩擦といった物理現象を、単純な数式で表すことができたなら、その現象は理解できたと見なすのが一般的です。単純な数式＝物理現象の本質という図式が、ここでは成り立っているわけです。そしてこの「本質重視」の考え方は、歴史的にいえば、

●プラトンの「イデア」——まさしく物事の本質のこと。
↓
●中世ヨーロッパの「一神教の神」——物事の本質のすべてを握っている存在。このアイデア自体プラトンから借りてきた。
↓
●科学的な「法則・数式」——それまで神が占めていた地位を、人間が担うことで、人間は物事の本質を「仮説検証」で見いだせると考えるようになった。

といったように受け継がれてきました。そしてこの図式は当然、人間自体や企業にも当てはめられるのです。すなわち、

「自己実現は、真の自分、つまり自己の本質を掴むことでもたらされる」
「企業にはそれぞれ本質があり、社会のなかでその本質を発揮して果たすべき役割がある」

と。前者はまさしく自己のアイデンティティー、後者は企業理念として表現されるものに他なりません。

一方の中国。学術の面でいえば、西欧の「本質」という考え方と、それなりに重なる概念は存在します。老荘思想の「道《タオ》」や儒教系の「性」、朱子学の「理」などがその代表的

なもの。しかし社会や世俗の面でいえば、「本質重視」のような思考様式はほとんど浸透しませんでした。西欧との比較でいえば、一神教の神のような世俗へ広がる経路を持たなかったことが大きかったのでしょう。逆に、強く持っているのが、

「対象を構成する基本要素を選び出し、その基本要素がどう関係するかを考える」

という思考様式。有名な兵法書の『孫子』にある、こんな一節が象徴的です。

◆音階の基本は、宮《きゅう》、商《しょう》、角、徴《ちょう》、羽（いわゆる民族的な五音階のこと）の五つにすぎないが、その組み合わせの変化は無限である。色彩の基本は、青、赤、黄、白、黒の五つにすぎないが、組み合わせの変化は無限である。味の基本は、辛、酸、鹹《かん》（塩辛さ）、甘、苦の五つにすぎないが、組み合わせの変化は無限である(68)

たとえば色でいいますと、確かにすべての色は青、赤、黄、白、黒のバランスの具合、混ぜ合わせ方によって作ることができます。つまり、この五つが色の基本要素になるわけです。しかし、「赤は色の本質だ」などといわないように、これらを本質とは普通呼びません。

こちらを「本質重視」と対比させて「大局・関係重視」と呼んでおきます。

†「法の支配」と「政は正なり」

この「本質重視」的な思惟と「大局・関係重視」的な思惟は、西洋医学と漢方の違いを考えると一目瞭然です。

身内の話で恐縮ですが、私の妻が子供を産んだばかりのころ、腱鞘炎《けんしょうえん》を患いました。そこで整形外科にいったところ「手術して手の腱を削ればすぐに治ります」といわれたのです。しかし乳飲み子を抱えていて、手術などそうそうできません。

そこで鍼灸院《しんきゅういん》にいったところ、三回鍼治療をしたら完治してしまったのです。しかも、その鍼を打ったのは患部に直接ではなく、ちょっと離れたところ。

つまり西洋医学の場合、病気を直すためには病原、つまり「病気の本質」を特定し、そこに直接切り込んでいくのを当然視します。一方、漢方の場合、患部とは一見関係ない部分を刺激したりして、「全体のバランス」を整えることで病気を治していくわけです。

同じような対比は、社会体制に関する考え方にも当てはまります。

第6章の「正義の女神像」の話とも関係してきますが、特にアメリカやイギリス社会が基盤とする「自由主義」においては、その始祖であるジョン・ロックやヒューム以来、テーゼとして、

「法の支配」

を根本に置きます。社会の根底に確固たる法を置いて――ただしその法は絶対的な規範としてきちんと機能するよう、状況の変化に応じて改定されますが――その基盤のうえに各自の自由を実現しようとするのです。さらにこうした社会では、

「法を通じた正義の実現」

が目指されます。法という絶対的規範に照らし合わせて、物事の「正しさ」は判断されるわけです。

一方で『論語』には、孔子の次のような言葉があります。

◆孔子が言った。「為政者が法律をふりかざし、刑罰をもって押さえ込もうとすれば、国民の方も法律の抜け穴ばかり探し、恥を恥とも思わなくなる。逆に、下々の者を徳によって感化し、礼によって規範を確立しようとすれば、国民の方もおのずから恥を知るようになり、不正を働く者がいなくなる」(69)
◆政治の政とは、「正しさ」という意味(70)

こちらのテーゼは、

「有徳者の感化」

であり、その社会の目指すところは、

「政治を通じた正義の実現」

に他なりません。

政治で正義を実現しようとする場合、「政治とは妥協の芸術」という言葉もありますが、さまざまな考え方や力のせめぎ合いのなかから、妥協点を探って落とし所を見つけていくのが一般的。そこでは、当事者の事情を汲んで、考慮することが当然視されるのです。

†人間関係と数字

この二つの対照的な思惟の、現代への影響については、東アジアの国々によって若干濃淡が異なります。

たとえばお隣の韓国では、李氏朝鮮の時代に朱子学が一般にまでかなり浸透したこともあり、「理」にもとづいた「本質重視」的な思考も「大局・関係重視」とともに社会に浸透した面があるといわれています。[71] この点、日韓の文化的な違いを考えるうえで一つのポイントになるのでしょう。

一方、日本の場合はこと社会事象にかんしていえば「大局・関係重視」が圧倒的なのです。このいい例が、企業の経営判断。

理念重視のアメリカ企業の場合、なにか業務上の重要な決断をする場合、まず考えるべきことの一つが、

「その決断が経営理念と合っているか」

に他なりません。会社に「理念」という本質が立っている以上、それを絶対的な規範として「決断が正しいか否か」を考えるのは当たり前なのです。そして理念とは社員以上に、まずは経営陣、特に社長を縛るもの。

対する日本。重要な決断をするさいに、理念や社是が実質的な判断基準として持ち出されることはまずありません。その代わりに、下手をすれば実力者同士の力関係や貸し借りでものごとが決まったりします。

しかし、このような決め方をすると、当然、社員の目標や方向性が定まらないし、モチベーションも持ち続けにくくなります。そこで持ち出されるのが目標数字や期日なのです。

筆者の師であった大森義男・元内閣情報調査室長に、この点で端的な指摘があります。

日本人の情報マインドが吹っ飛ぶのはどういう時だろうか。戦史を見れば、それは日本人がスケジュール闘争を好むからだと分かる。「天長節までにどこを陥せ」、「陸軍記

念日にはどの線まで進出すべし」といった命令を受ければ情報とか敵の状況などを気にしていられない。ひたすら突撃あるのみとなる。(『日本のインテリジェンス機関』大森義夫、文春新書)

確かに会社でいえば、

「対前年七%アップ」

「期末までに売り上げ三〇〇億円死守」

といった、会社の本質とは何も関係がない数字が往々にして連呼されたりします。理念や社是といったもので本質的な適否を判断せず、しかも数字目標で焚き付けようとする。そして頭を使った戦略というより、頑張りや精神力で何とかしようとする――。

この場合に問題なのは、数字が手段ではなく、往々にして目的化してしまうこと。数字さえ達成できればいいんだろ、帳尻さえ合っていればいいんだろ、となりかねないのです。これが日本企業の粉飾や偽装の一つの淵源になり、過去を振り返れば、旧日本陸軍の「員《いん》数《ずう》主義」という名の帳尻合わせのもとともなりました。

「数さえ合えばそれでよい」が基本的態度であって、その内実は全く問わないという形式主義、それが員数主義の基本なのである。

それは当然に「員数が合わなければ処罰」から「員数さえ合っていれば不問」へと進む。従って「員数を合す」ためには何でもやる。

「紛失《なくなり》ました」という言葉は日本軍にはない。この言葉を口にした瞬間、

「バカヤロー、員数をつけてこい」

という言葉が、ビンタとともにはねかえってくる。紛失すれば「員数をつけてくる」すなわち盗んでくるのである。(山本七平「一下級将校の見た帝国陸軍」『山本七平ライブラリー7　ある異常体験者の偏見』文藝春秋)

実際にルソン島の激戦に参加した経験のある山本七平さんは、

(なぜ実態の伴わない組織になったのか)それは、自転する〝組織〟の上に乗った、「不可能命令とそれに対する員数報告」で構成される虚構の世界を「事実」としたからである。日本軍は米軍に敗れたのではない。米軍という現実の打撃にこの虚構を吹きとばされて降伏したのである。(前掲「一下級将校の見た帝国陸軍」)

と指摘しています。旧日本陸軍はアメリカに負けたのではなく、中身のない組織をとりつくろい続けたすえに、いわば自壊したというのです。これは粉飾決算やスペック偽装で凋落していった現代の日本企業の雛形に他なりません。

そしてお気づきでしょうか、これもまた学校における、子供に対する勉強のモチベーションの持たせ方と相似なのです。

本質的なところで子供にモチベーションを持たせづらいので、偏差値やクラスの順位といったもので、やる気を焚き付け、勉強させる。やがて偏差値自体や「より偏差値の高い学校に入ること」が目的化してしまう……。

もちろんアメリカ企業も日本以上に数字目標に厳しいところがありますが、同時にそこには理念という縛りがあって、まともな企業であればバランスをとっています。日本の企業の場合は、そのバランスが「ホンネとタテマエ」の形になっていて、ホンネ（数字）という実質側にあからさまに偏りやすいのです。

†儒教的な評価軸

さらにここからは、『論語』的な価値観に紐づいた日本企業のユニークな特徴を別の角度から二つご紹介していきたいと思います。まずは、企業の人事について。

日本企業の特徴として「終身雇用」「年功序列」といった言葉が有名ですが、これらは組織を秩序立てて、一つにまとめるための方策に他なりません。第3章で触れたように、戦時体制、つまり挙国一致の体制を作るなかで、全国的に広がっていきました。

しかし、これだけでは江戸時代の封建秩序と同じような問題を抱えてしまうため、戦後になって「職能資格制度」や「成果主義」など、実績や能力などで差をつける賃金体系も、併用する形で導入されていきました。

ただし戦後の日本企業の多くは、個人の能力をはかるさいに、仕事での実績以外の面では——もちろん現代ではそれなりに崩れてきていますが——次のような要素が考慮されました。

●学歴——日本では実際は「学校歴」。偏差値の高い大学を卒業したことはイコール本人の知能や忍耐、努力といった能力のバロメーターになると考えられた。実際ある時期まで、東大卒の人材は、よほどのことがない限り役員まで昇進させるという企業が少なからずあった。

●勤続年数・年齢——その企業で長い経験を積んだことイコール能力の証しとして考えられていた。

●情意評価——やる気や組織への忠誠度、協調性といったものも、能力の一環として捉えられた。たとえば残業を断らない、苦にしない、上司より先に帰らない、どんな異動でも受け入れるといったことでそれは測られた。

●男性——女性は賃金や待遇等で明らかな差をつけられていた。

これらの評価の背景にある価値観とは、「学べば成長できる」「長幼の序」「忠や和」「男尊女卑」であり、いずれも『論語』や儒教とかかわりの深いものばかり。

このうち「長幼の序」に象徴されるような序列は、社内はもちろん、社外でも往々にして形作られていきます。

企業内でいえば、名誉会長、名誉顧問、名誉相談役などといったOBたちが幅を利かせていて、後輩や部下だった現社長が、頭が上がらないといった光景が日本企業では珍しくありません。アメリカでは、CEOも辞めてしまえばただの人、なのです。

さらに婦人会のような組織もあり、夫の地位に比例する形で序列が組まれていたりします。

筆者の友人が、ある超巨大組織の幹部婦人会で講演したことがあるのですが、「たくさんの奥様たちが、今の組織のトップの奥様に頭を下げているのですが、その奥様は、前のトップの奥様に頭を下げ、その奥様も前の前のトップの奥様に頭を下げ……。旦那の方が奥様に頭が上がらない場合、前の前のトップの奥様が、この組織の本当の最高権力者になりそう」

と冗談交じりに述べていました。

さらに、海外の都市などで、業種を超えた海外駐在員の会や婦人会などがある場合、そこでも官民や業種、会社の規模などにもとづいた序列ができていたりします。

幼稚園や保育園の年少・年中・年長からはじまって、われわれは集団や組織における序列からなかなか自由になれない面があるようです。

†「現場依存」を特徴とする精神主義

もう一つ、日本企業のあり方についてのユニークな指摘を紹介したいと思います。ルイ・ヴィトン日本支社長などを務めた藤井清孝さんが、次のような指摘をしていました。

「欧米では、経営者の仕事はトレードオフを決断すること」

こんな状況を考えてみましょう。

ある会社に一〇箇所の店舗があったとします。それぞれ運営に必要な最低人数は二人。しかし、社員の数が一〇人しかいません。さて、どうするか――。

欧米の会社であれば、社員が足りないのであれば、
●店舗を五つに減らして社員一〇人で回す

●社員を二〇人に増員して一〇箇所の店舗をまわす
どちらにするのかを決めるのが経営者の仕事だというのです。「ところが」、と藤井さんは続けます。

「日本ではトレードオフを現場に押しつけてしまう。だから、『現場依存』になりがち。そもそも欧米には、日本で使っているような意味での『現場』という言葉がない」

これはまさしく、

「**組織や集団内では、下の立場の『義務』や『努力』が強調されやすい**」

という構図そのもの。実際、日本企業にありがちな行動原理は、先ほどの例でいえば各店舗を無理矢理一人で運営させて、何とかさせよう、というもの。そして、こんな状況でも現場の従業員たちは、

「**社長らしさ、課長らしさ、学生らしさ、先生らしさ、裁判官らしさなど、与えられた役割に即した『らしさ』や『分（役割分担と責任）』を果たすのが何よりいいこと**」

「**努力・精神主義**」

といった価値観の刷り込みが強いと、責任感を発揮して、頑張って何とか運営を成功させてしまうのです。

実際、深夜に従業員一人だけで店舗を運営させていた牛丼チェーンや、現場の犠牲のう

えに成り立つコンビニの二四時間営業、そしてアルバイトや契約社員を店長にして責任を持たせてしまう店舗運営まで、現場が頑張って何とか回しているという例はごく一般的に見られます。

そして、こうした現象は、昔から日本の組織に多く見られたものでした。

（イギリス参謀の指摘）日本陸軍は教科書通りのことしかやらない。どうしてあんなばかな司令官や参謀たちのいる軍隊が大崩壊しなかったのかといえば、兵隊や下士官が信じがたいほど強かったからだろう。（『「昭和」という国家』司馬遼太郎、NHKブックス）

いわゆる「現場力」や「現場の頑張り」が組織を支えているというパターンは、歴史のそこかしこで見られるものでした。この意味で、

「『現場依存』を特徴とするような精神主義に走りやすい」

という傾向は、「論語濃度」の濃い日本の組織には歴史的につきまとうのです。

しかしこのような組織のあり方は、近年、特に日本の大企業において多くの問題を露呈するようにもなっています。次章では、その問題に焦点を当てていきましょう。

第8章　秩序維持と進歩と

過去志向と未来志向

まえがきでとりあげたように、トヨタの豊田章夫社長は二〇一九年の年頭の挨拶で、こう発言しました。

「自ら行動する人よりも、管理する人。一芸に秀でる人よりも、欠点の少ない人。スキルよりも年次。こうした、いつの間にかトヨタに根づいてしまった価値観ではなく……」

ここでマイナスに取り上げられている価値観は、基本的に『論語』や儒教由来のものに他なりません。いい例が『論語』に出てくるこんな言葉。

◆孔子が言った。「君子というのは、特定の用途だけに役立つ道具のような人間であってはならない(72)」

君子、つまり立派な人間は「一芸に秀でる人ではない」と、ここで孔子ははっきり述べています。

ではどのような人が君子なのか。そういった人々を管理し、使いこなすリーダーやトップこそが君子の意味なのです。さらに第4章で触れた「孔子の人生の述懐」のように、欠点を減らして円満な人格に近づいていくことこそ『論語』や儒教では目指されるべきもの。年次も、『論語』や儒教でおなじみの「長幼の序」に他なりません。

まるで狙ったかのように、『論語』や儒教の価値観が三つ並んでいるわけです。ただしここで一つ注意が必要なのは、豊田社長は「管理する人」「欠点の少ない人」「年次」が組織にまったく要らないし、価値がないとは述べていないこと。

当たり前ですが、企業には「管理する人」や「欠点の少ない人」も必要ですし、「年次」の尺度を必要とする場合もあります。バランスとして、そちらが重んじられすぎる風潮に豊田社長は――しかもその風潮を、自分の先輩や親族が根づかせたという環境のなかで――警鐘を鳴らしているのです。

この内容を、補助線を引きつつもう少し深掘りしていきましょう。

まず集団や組織に、次の二つのベクトルがあると考えてみてください。

- 過去志向のベクトル、秩序の維持や安定を目指す。
- 未来志向のベクトル、進歩や革新を目指す。

このうち『論語』や儒教の価値観は、幕末という例外を除けば、常に前者の「秩序の維持や安定」が必要なさいに社会的に持ち出されてきました。ここまで触れてきたように、

- 江戸時代、世襲の身分制という秩序の強化や補強のため
- 明治時代、天皇を中心とする安定した体制の構築のため
- 戦時中、挙国一致体制を作るため
- 戦前から最近まで、企業が安定し、かつ継続できる体制を作るため

『論語』や儒教の価値観は、常に必要な部分を取捨選択のうえ、利用されてきたのです。

しかし、「秩序の維持や安定」ばかりに偏ってしまうと、組織や集団は沈滞しかねません。もう一つ「進歩や革新」を目ざすベクトルが、強い体質や競争力維持には必須なのです。豊田社長が評価をうながす「自ら行動する人、一芸に秀でる人、スキル」というのは、失敗を糧にしつつ、進歩や革新を切り開いていける人々や、その武器のことに他なりません。

実はこの問題は、前々から指摘されてきたものでした。

江戸から明治にかけて活躍をした学者・官僚に西村茂樹という人物がいます。明治政府の最初期の教育行政にかかわったり、今の学士院のもとである明六社《めいろくしゃ》の結成にも寄与した大学者なのですが、かれは基本的に復古主義者でした。つまり明治の混乱期、道徳を再構築するために、儒教的な倫理をとりもどそう、と述べているのです。しかし同時に、儒教には問題もある、と指摘しました。筆者なりにまとめると、西村の指摘のうち、とりわけ現代的に重要なのは次の三つ。

●男尊女卑すぎる
●上の者に都合がよすぎる
●保守的過ぎて新しいものが出にくい

この三つは、残念ながら日本の社会や組織が、いまだに抱え続けている病弊《びょうへい》そのものであり、まさしく『論語』や儒教が「秩序の維持や安定」に偏り過ぎているがゆえの問題点なのです。特に後の二つの価値観——組織内の年次に象徴される「序列や上下関係」、さらには「伝統に価値を置く姿勢」——は、安定や秩序維持のための核心として『論語』や儒教が根本に据えてきたものでした。

†過去のよきものの受け渡し

しかし、そもそもの話ですが、組織や集団にはなぜ序列や上下関係が必要なのでしょうか。『論語』や儒教における基本的な考え方は次の通りです。

まず、組織や集団を長期にわたって秩序維持していくためには、

「親が子を持ち、その子が親になり、また子を持ち、その子も親になって……」

「上司が部下を持ち、その部下がやがて上司になって部下を持ち、その部下も……」

といった連鎖を内部でうまく成り立たせることが必要になる、と考えます。この連鎖のなかで前の世代から伝えられてきた良き制度や文化、しきたりを、未来の世代へとうまく受け渡して行くことが、安定した秩序維持の基盤なのです。

もちろん受け渡しの途上で、改善や革新といった要素が入ることもありますが、基本は継続重視。現代でいえば、伝統芸能や職人技の継承が端的な例でしょう。ここでの序列や上下関係とは、一面で「受け渡しの順番」や「育む／育まれる関係」の異名なのです。

だからこそ、この継承を続けていくために自分の子や部下、後輩を、

「過去の良き遺産を引き継ぐに足る人材」

に育てていく必要があります。『論語』や儒教の中心的な徳目である「仁」には、まさしくこの意味が含まれています。

◆仁者は、率先して困難な問題に取り組み、得ることは後で考える(73)

◆仁者は、自分が立ちたいと思ったら、まず他人を立たせてやり、自分が手に入れたいと思ったら、まず人に得させてやる(74)

これらの言葉の意味は、後輩や子供を育てる局面に当てはめると、一目瞭然。後輩や子供を育てるのは、最初は苦労しますが、うまく育ってくれれば大きな恩恵を後で自分も受けることになります。また、利他的だからこそ健全な子育てや後輩育成も可能になるわけです。戦前戦後の政財界の指南番として活躍した安岡正篤《まさひろ》は、こうした点を踏まえて「仁」の意味を、

「天地・自然の生成化育の人間に現れた徳(75)」

と解釈しました。

現代でも「論語濃度」が高い日本の企業や組織では、こうした価値観を濃厚に受け継いでいるところが少なくありません。先輩は後輩を、OJTを通じて育てていくのが当たり前ですし、筆者もサラリーマン時代に、よく先輩たちからこう言われました。

「先輩から受けた恩は、後輩に返していけよ」

社長レベルでも「社長の最大の仕事は、次の後任を決めること」ないし「育てること」

といわれたりもしますが、これらは健全な継承こそが組織運営の重要な務めの一つ、という価値観のあらわれなのです。そしてお気づきでしょうか、これも基本的に学校と相似なのです。学校行事や部活で、先輩やOBが、よき伝統を伝えるために後輩を一所懸命に指導。同時にそれは自分たちが現役時代にOBやOGからやってもらったことでもあった――。

この点も海外では、逆になる場合があります。

私の友人の栗島木材の栗田健司社長が仕事でカナダに行ったときに、カナダの会社の社長と、後輩指導についての議論になったそうです。すると、相手から次のようにいわれてしまったとのこと。

「何で後輩を育てるの？　後輩の方が優秀で、自分がポジションとられてリストラにあったら嫌じゃないの？」

これは理詰めで考えれば、その通りとしかいいようがありません。確かに、下手に部下や後輩を育てれば、自分が今の地位から追い落とされてしまうかもしれないわけです。しかし日本では、多くの組織人がそんなことを考えずに、部下が下につけば部下を育て、後輩が入れば後輩を育て、と励むわけです。すると、どうなるか。こんな効果が生まれるのです。

時間的射程距離の長い会社では、人を育てるということは、育てる側の人もともに成長していくということを意味しているのである。(『組織力』高橋伸夫、ちくま新書)

よく「子を持って親が育つ」といいますが、それと同じこと。部下や後輩を育てることで、上司や先輩も育っているのです。ちなみにこれは教育現場でも同じで、「生徒を教えることで、先生も成長する」とは先生たちの間でよくいわれる言葉の一つ。

こうしてお互い育み合うなかから、組織としての総合力を高めていく――成果主義の導入によって様変わりした面もありますが、これが日本の組織のおそらく最善の部分を形作ってもきました。

ちなみに、このために不可欠だったのが「年功序列」と「終身雇用」の二つ。後輩の方が優秀で出世で抜かれても、最悪でも自分がクビになることはないし、年齢が上がればそれなりに給料もあがっていく――この現実、ないしは幻想があってこそ、日本の組織は「育みの連鎖」が維持できていたのです。

†あなたは日本人の心を知らない

ところがこの仕組みが、組織のなかで暗転する局面が、大きく二つ存在します。

たとえばこんな例を考えてみましょう。

上司や先輩から、熱心に面倒を見てもらい、育ててもらった部下や後輩がいたとします。そんな部下や後輩が、上司や先輩の、コンプライアンス違反を知ってしまいました。これはマズいとまず本人にそっと確認しますが、本人は聞く耳を持ちません。

では、それを組織内部のしかるべきところに通報したり、表沙汰にできるのか――。

これは、きわめてしにくいわけです。何せ、親身になって世話をし、育ててもらった上司や先輩ですから……。

しかも、その上司や先輩が社内で権力を握っていて、他の人たちも黙認する「空気」が出来上がっていたとします。「序列を重んじる」「親や上司、先輩の言うことを聞く」「空気には逆らわない」という価値観のしばりが強ければ、そのまま何もせず流されるのが最適な行動、と思ってもおかしくはないでしょう。

「秩序の維持や安定」を主柱とする思想は、特にそこに「家族主義的」な要素――濃密な人間関係、助け合い、育みあい――が入ってくると、組織内の結びつきや人間関係を深める一方で、身内の悪事や失態、時代遅れの事柄への処理のしづらさを生んでしまうのです。

実際の企業で、端的な例が二つあります。

筆者は以前、日立の社長・会長を務めた川村隆さんにインタビューをしました。川村さんは、社長に着任する以前の日立について次のように述べていました。

みんなが討論しているとき、誰か偉い人がどーんと発言をしてしまうとね、もうみんなそれを一生懸命メモにしてね、そこで話が終わるんですよ、日本の会社は。これ、非常にまずい。だから、心ある人はなるべく最後まで自分の考えを言わないようにするわけです。「みんなとにかく自分のことを言ってみろ」と。

年寄りの話と、あとは仲間同士のことを猛烈におもんぱかるんですね。「これをやるとあいつが困る、これをやるとあいつが困る。そうすると、こうやっていくと、じゃあ答えはみんな平均化したこの辺になるかな」と、こんなような村長さんの結論みたいなのばっかり出す。ところが実際は「ここをつぶさないと全体が生きてこない」というような答えがあるんです。(『青淵』第八一四号、渋沢栄一記念財団)

まさしく日立は『論語』や儒教的な価値観に染まっていたのです。そして、川村さんが社長になるまで、赤字を垂れ流していました。川村さんは、その理由の一つについて著書のなかで次のように述べています。

日立の場合、OBの影響力は強く、OBが抵抗勢力に回るというケースがよくありました。日立は先輩と後輩の関係が強く、OBに人事の相談をすることも珍しくありません。親会社の役員であっても、先輩が社長を務める子会社に口出ししづらいという風潮もありました。

OBにとっては、自分が立ち上げた事業や一時代を築いた事業がなくなるのは我慢ならないでしょう。（『ザ・ラストマン』川村隆、角川書店）

不採算部門を切ろうとすると、OBなどがやってきて「俺が始めた部署を何で潰すんだ」「現役のやり方が悪いだけだろう」と圧力をかけ、社長でさえそれに抗しきれずに処理できなかった、というのです。

続いての例が、オリンパス。

オリンパスは二〇一一年の粉飾決算事件によって、当時の菊川剛会長が逮捕されました。しかし、この粉飾、実は菊川会長が作ったものではありません。何代か前の社長が作ったものを「お世話になった先輩の不祥事を隠すため」に、複雑なスキームを駆使し続け、隠しきれなくなって菊川会長の時に破綻に至ってしまったのです。

ちなみに、この粉飾を発見し、説明を求めた当時のウッドフォード社長に対し、菊川会長が述べたセリフがあります。

あなたは日本人の心を知らない（『オリンパス症候群』チームFACTA、平凡社）

これは意訳すると、こうなってしまうのです。

「お前なあ、先輩の失態はかばって表に出さないのが日本の美徳なんだよ。まったく儒教を知らない外人は困るよ……」

秩序の維持や安定のためには「ごまかし」や「隠蔽」もいとわない、そんな心性が透けて見える発言なのです。

†変えられない秩序

もう一つ、『論語』や儒教の価値観が強すぎる問題点として、組織や集団に、

「既存の秩序を変えることへの抵抗感」

が染みつきやすくなること、があります。しかもここに、

「日本人は、秩序やルールは自分たちで作るものというより、上から与えられるものだ、とどこかで思っている」

という価値観の刷り込みが加わると、

「今までのやり方を変えたくないし、そもそも変えちゃマズいんじゃない」

という話になりがちなのです。なぜならば、下手な変革は「昔のよきものを、未来の世代へと受け渡していく」というサイクルを壊しかねないから。そして、自分たちで作ったものではない以上、本当に自分たちで変えていいものかどうかも判断しようがないから。

ただし、このサイクルの過度な重視は、環境の変化に対応した変革を難しくするのも事実。

筆者の友人が、小学校のPTAの会長になったときに、その規約を変えようとしました。それまでの規約は、専業主婦でもなければ不可能な内容が含まれていたためで、それを働くお母さんやお父さんでも可能な内容にしようとしたのです。ところが変更を提案すると、あにはからんや周囲はみな反対。その理由というのが、

「今までずっと続いてきたものを、自分たちの代で変えてしまっていいんでしょうか」

というものだったとか。結局、規約は変えられなかったそうです。

また、別の例でいえば、知人の弁護士から、

「日本では、いまだに地方で民事の裁判とかすると、『あいつは街の秩序の攪乱者だ』とかいわれて、村八分になる事例があります。私も、『なんで代理人を引き受けるんだ』と怒鳴り込まれたことがありますよ」

と言われたこともあります。日本では既存の秩序に異議を唱えたり、それを変えようとすると、下手をすると「悪だ」と見なされかねない現状があるのです。

ところが欧米では、まったく逆に、

「法や秩序というのは、お互いが権利を主張し合うなかから、構成、更新されていく」

という考え方が伝統的に存在します。

以下の内容は、再び西洋哲学者の谷崎秋彦先生からのご教授によりますが、ドイツ語にRechtという単語があります。これは、

●右、権利、法、正しさ、正義……

という意味が並びます。「権利」と「法」とが一つの単語で表現できてしまうのが不思議ですし、そこに「右」が入るのはさらに奇妙ですが、内包するロジックはこうです。

人は基本的に右利きが多いので、「右」は力が強いことの象徴。そして、力が強い者は、自分を正義だといえるし、権利も主張できるし、それを法として制定することもできる――こんな流れになっているのです。

源流はヘブライ語などにあるようなのですが、フランス語だと、droitがこれと同じ意味。英語のrightは、ここから「法」の意味が抜け落ちたものです。

もちろん、これだけでは「王や領主の力」みたいな意味でしかありません。しかし近代

以降、個人が主体となる社会が生まれ、この「力」を個人個人が引き受けることで、先述したような考え方が生まれてきました。

現代でいえば、このいい例がアメリカの訴訟社会。

日本人からしてみれば、アメリカは、「何であんな訴訟ばかりしているの？」と見えてしまうわけです。有名な話ですが、ファストフードのコーヒーをこぼして、やけどしたから賠償しろという裁判が実際に開かれもしました。

ところがアメリカ人にとって、こうした行為は「社会貢献だ」と見なされる場合があります。なぜなら、

「自分がわざわざ裁判に訴えて、権利を主張することで、よりよき社会の構成や更新に役立っている」

というロジックが成り立つから。

こうした考え方の一つの背景として、特にイギリスやアメリカでは「判例法」という仕組みをとっている、という事情もあります。

たとえばアメリカでは、裁判で新たな判例を勝ち取ってしまえば、それが新たな規範となる——つまり、権利の主張がうまく認められれば、自分に都合のいい秩序やルールが新たに作れるという仕組みを現実に持っているのです。

逆に日本で採っているのは、「実定法」という考え方。法というのは簡単に変えられないがっしりした存在であり、それをいかに解釈するかの方に焦点が当てられます。

筆者の友人の藤本欣伸弁護士が、こんな話をしていました。

「日本人は交渉で『それが決まりなんです』『ルールです』『法です』といわれると、ピタッと止まってそれ以上踏み込めなくなってしまうんですよ。極端な話、『それがうちの社内規定です』といっても、相手は納得してくれたりします。

ところが欧米の顧客に『それが法やルールです』というと、『では、それを破ったときのペナルティはどれくらいなの。破ったときの利益と比べてどうなの』と返されますよ」

日本人の場合、「そちらの社内規定なんて知ったこっちゃない、何とかならないのですか」くらい反論してもよさそうなのですが、踏み込めなくなってしまいがちなのです。一方で欧米の場合、先ほど述べた「判例法」の考え方があり、「ルールや法といわれても、その更新の可能性を探す」ということが当たり前になされるわけです。

†運用・解釈・小手先の変更

第3章で触れたように、日本の戦後企業の仕組みや特徴は、戦時体制を構築するなかから形作られ、広まっていきました。このときに『論語』や儒教の価値観も利用されたので

すが、当然そのさい、

「秩序の維持や安定」

をよしとする価値観も入り込んできました。豊田社長の発言のなかに、

「いつの間にかトヨタに根づいてしまった価値観」

という表現がありましたが、『論語』や儒教の価値観を内包した文化は、いったん学校や企業に染みついてしまうとなかなか変えられないし、変えたと思っても、やがて元に戻ってしまいやすいのです。なぜならば、その中核にあるメッセージが、「維持・継続こそがよい」「変えることはよくない」「与えられたものは守るべし」だから。

これは近代以降、「日本は、外圧がないと変革できない」と言われる根本的な理由だと、筆者は考えています。

しかし、もし既存の法やルールが古くなって、現状に合わなくなる状況に直面したらどうするのか。この場合、日本人が往々にして持ち出すのが、

「運用・解釈・小手先の変更」

といった要素なのです。もとの法やルールは変えずに、運用や解釈、小手先の変更で現状にうまく適合させてしまえ、と考えるわけです。

この端的な例が、田舎の温泉地に建っているホテル。

前にご登場いただいた藤井清孝さんからうかがった話ですが、みなさんもご経験ないでしょうか。田舎の温泉地のホテルに行ったところ、本館があって、別館があって、新館があって、複雑な渡り廊下で繫がっていて、迷路のような作り。いったん大浴場に行くと、迷ってしまってなかなか自分の部屋にもどれない……。

小手先の建て増しを繰り返してしまったから、こういう迷宮のような建物ができてしまうわけです。銀行が一度にお金を貸してくれないので、こうなったという面もあるのですが、欧米で、こんな理由で迷路のようになったホテルはまず存在しません。

さらに日本人は、法やルールを作るときに、そもそも「運用、解釈」の余地を残したがります。

もう一つ、やはり藤本弁護士からうかがった話ですが、日本人同士で契約を結ぶ場合、後で揉めそうなところほど、

「別途協議（何かあれば別に話し合いの機会を設ける）」

にしたがるそうです。もし揉めたら、そのとき話し合って何とかしましょう、と考えるわけです。また、契約を結んだ後でも、実情に合わなくなればその都度、当事者同士で話し合って「融通を利かす」ようなことが普通に行われます。解釈や運用によって、後からどうとでもできる幅を残しておくんですね。

一方、欧米では契約を結ぶさい、揉めそうなところほど事前に徹底して詰めるそうです。このため、契約を結ぶのに非常に時間がかかるのですが、いったん結んでしまえば、それはきちんと守ってくれるとのこと。この対比にかんしては、ちょっと考えさせられる指摘があります。

筆者の友人で国際的に活躍している指揮者の村中大祐《だいすけ》さんは、海外に大勢友人がいるのですが、その友人たちから、

「日本人は信用できない」

といわれてしまうことがあるそうです。意外に思えるかもしれませんが、それはこんな理由から。

「日本人は、いったん個人と個人とで約束したはずのことでも、数日後に『会社にもどって上司に相談したら、反対されてしまったので、あの話はなかったことにしてくれ』といって来たりする。全然信用できないよ」

いま一度、欧米と日本との違いを整理すると、次のようになります。

まず欧米では、自分（たち）で主体的に決めたことは厳密に守ろうとしますが、同時に、既存のルールや秩序に対しては根本的な見直しも厭《いと》いません。

一方の日本では、既存の秩序やルールの根本的な見直しをやりたがらず、しかも個人の

事情を汲んであげるのがいいという価値観があるため（第6章参照）、決まったこと全般に融通や解釈の幅を持たせたがるのです。

ですから日本人は「守ったほうがいい」という空気ができている法や秩序は守りますが、そうでないものに関してはやたら融通を利かせまくり。法律が厳罰化される以前、平気で飲酒運転をしていた日本人が少なくなかったのがその典型例でしょう。賭博や売春に対する規制も同じこと。さらに仕事上、自分自身が一度は個人的に約束したことでも、「わるいわるい、上司が反対しちゃってさあ」で融通が利かせられると考えるわけです。

これは良い悪いの問題ではなく、根本の秩序観からくる価値観の相違なのです。

†数少ないトップの専権事項

では日本の場合、外圧なしで何かを根本的に変えることは不可能なのか、といえば、実はうまい方法が一つ存在します。それが、

「日本人は、秩序やルールは自分たちで作るものというより、上から与えられるものだ、とどこかで思っている」

という価値観を、逆に利用したやり方。企業でいえば、最高責任者である社長が腹をくって本気で風土を変えていくならば、組織は変わるはずなのです。

産業再生機構で、凋落した日本の名門企業を何社か立て直した後、「なぜ名門企業が凋落してしまうのか」の理由が知りたくて大学院に入り直し、その研究成果を『衰退の法則』という本にまとめた小城《おぎ》武彦さんという方がいます。筆者が小城さんに取材したさい、「日本企業は、なかなか既存の企業風土から変われずに苦しんでいる面がありますが、変わるためのいい方法はあるのでしょうか」

と質問したところ、こんな答えが返ってきました。

「企業において、トップの専権事項というのはあまりないのですが、組織風土に関してはトップの専権事項だと私は思っています。トップ自身が率先垂範することによって、組織風土は変えることができるし、それをやった経営者はたくさんいます」

まさしく「秩序やルールを、上が本気で与えられるか否か」が胆なのです。ただし、本気であることが必須。「結局、口ばっかりだ」と下から見透かされてしまえば、どんな指示もタテマエとして処理されるだけ。だからこそ、小城さんは次のようにも述べていました。

「任期が六年とか八年と決まっている、サラリーマン社長の会社が問題なんです。自分を社長にまで出世させてくれた会社の風土を変えなきゃいけないし、いざやろうと思っても任期が決まっている。だから、『無理して変えなくても』と思ってもおかしくないんですよ。

逆に、オーナー社長のいる企業はこういう問題はおきないですよ。だから、私はせめてサラリーマン社長の任期をもう少し伸ばすべきだと思っています」

改革がタテマエ化する要因がそろっているサラリーマン社長と、ホンネでやれるオーナー企業。もちろんオーナー企業にはオーナー企業なりの、陥りやすい欠点や問題があるのですが、少なくとも「腹をすえた改革」に関しては、強みを持ち得ているのです。

これは日本人が抱きがちな秩序・ルール観の強みと弱みを如実に反映した姿なのです。

＊

さて、ここまで会社に焦点を当てつつ、日本人に対する『論語』や儒教の価値観の影響を見てきました。

第6章の最後で触れたように、『論語』濃度が高い学校と企業での行動様式は、まるで双子のような面があります。主なポイントを上げておきますと、以下の通りです。
●学年、学級、班、日直（部、課、チーム）などの集団のなかで、先輩・後輩、先生・生徒（上司・部下）といった序列や上下関係を作り、そのなかで助け合い、育み合いながら成果を出していく。

●序列（学年・年功序列）は年々自然に上がっていき、一生つきまとう。
●個性化が大切といいつつ、集団から外れる人間は評価が低くなる。また、人間関係は協調が基本といいつつ、勉強や成績での競争（能力主義・成果主義）がある。
●勉強では満遍なくできる子を育てよう（ジェネラリスト育成）とし、そういう子が試験に通りやすい。
●勉強（仕事）で、本質的なところでやる気を持たせづらいので、偏差値（売り上げ・予算）などの数字が目標になりやすい。
●「気持ちを考えること」（忖度）がうまいと成績があがりやすい（出世しやすい）。

こうした特徴は、日本企業の伝統的な強みの数々を形作ってきましたが、同時に「秩序の維持や安定」をベースにしているため、環境の変化に適応したり、未来を切り開くために進歩や変革を促すという面が弱くなるという問題点を内包していました。もちろん学校や企業は、こうした弱みに気がついていて、現在さまざまな変革を試みてもいます。

では、どうしたら『論語』や儒教の価値観をうまく扱うことができるのか。次章で一つ足がかりを設けたうえで、最後に筆者の考えを述べていきたいと思います。足がかりとは、今までの記述のなかで明滅していたテーマ「ホンネとタテマエ」について、なのです。

Ⅳ 『論語』的価値観をうまく扱うために

第9章　日本人はホンネのはけ口を求めている

矛盾したものを同時に扱う

よくホンネとタテマエというのは、日本人の特徴だと言われたりします。では海外に存在しないのかというと、普通に存在します。

いい例がクリスチャンの離婚。本来、クリスチャンは離婚禁止のはずなのですが、離婚している人は大勢います。この場合、変えようのない絶対的な規範（タテマエ）と現実（ホンネ）のくい違いの話であり、抽象度を上げれば、

「二つ、ないしはそれ以上の矛盾したものを同時に扱いたいとき、片やタテマエ、片やホンネとして処理する」

という行動様式に他なりません。この場合は、「どうせ△△△はタテマエだからさ」と

口にしつつ、ひたすらホンネで行動するのが一般的。これを「ホンネでいいよね型」と名付けておきます。

さらに、ホンネとタテマエには、真逆のタイプも存在します。それが第2章でご紹介した、

「武士は食わねど高楊枝」

に象徴される、「ホンネは○○なんだけど」と呟《つぶや》きつつ、タテマエ通りに動かざるを得ない場合。こちらは抽象度を上げれば、

「事情があってホンネを抑圧せざるを得ない場合、抑圧してくる事情の方がタテマエ、される対象がホンネ」

という行動様式になります。こちらは「タテマエしか許さん型」とします。

二つのうち、「ホンネでいいよね型」の方は、クリスチャンの離婚に端的なように広く海外でも見られるものに他なりません。企業でいえば、こんな例があります。

筆者にはおにぎり工場で働いていた友人がいますが、次のような経験を述べていました。

「うちには品質管理の基準があって、そのために踏むべき手順があるんだけど、それを全部守っているとノルマが達成できなくなってしまうので、品質基準はタテマエ。結局守ってないいんだよね」

これは日本に限らず、広く海外の生産現場などでも聞かれる話に他なりません。

また、前半のテーマであった教育問題でいえば、第5章でとりあげた学校における、「集団指導と個性化」がこの端的な例でしょう。それぞれ、

- 集団指導——従順で、他人との関係を重視する生徒
- 個性化——自己主張できて、自律した生徒

を目指す部分があり、矛盾しかねません。しかし文科省の決めた方針を、現場の先生レベルで覆すことはできません。そこで個性化をタテマエ、集団指導をホンネとして処理し、現場をまわしていくわけです。型としてはクリスチャンの離婚禁止と同じであり、矛盾した二つ以上のものを同時に扱わざるを得ないときに、出るべくして出る手法の一つなのです。

✝変えられるはずの規則

ただし、この「ホンネでいいよね型」から、日本に特徴的なホンネとタテマエの分離が生じる場合があります。

「クリスチャンの離婚禁止」や「品質管理の規準」「文科省の決めた方針」は、下や現場からは変えようがないもの。だからこそ、現場との矛盾を処理するために「ホンネとタテ

マエ」の分離は出ざるを得ませんでした。ところが日本の場合、
「秩序やルールは自分たちで作るものというより、上から与えられるもの」という価値観が染みつき過ぎていて、本来は自分の手でいくらでも変えられる秩序やルールであっても、「変えてはいけない」「自分たちでは変えられない」と思い込んでしまい、タテマエ化して済ませる場合が出てしまうのです。

このいい例が、第8章で触れたPTAの規約改定問題。いくら現状に合わなくなっても、「今までずっと続いてきたものを、自分たちの代で変えてしまっていいんでしょうか」という反対で、変更ができなくなってしまうわけです。しかし、そのままでは守ることも難しい場合は、規則をタテマエ化し、運用や解釈で矛盾を吸収していくわけです。

また、国政レベルでいえば、前にも触れた、売春や賭博の規制や厳罰化以前の飲酒運転禁止。現状に合わせて法律を変えようともせず、かといって法律を厳しく適用するわけでもなく、ホンネとタテマエを分離させる形で処理し続けてきました。

さらには、日本の今の憲法がこの象徴的な例。戦後ずっと「解釈」の積み重ねを続け、根本を変えずに現実に適応させ続けているわけです。

欧米の場合、こういった法や秩序というのは本来、現状に合わなくなれば根本から変えるべし、と考えます。

ですから戦後、アメリカは憲法を六回修正、フランスは一九五八年に全面改正した後、二四回の改正、ドイツは西ドイツ時代を含めて六〇回の改正を行っています（二〇二〇年一月現在）。もう変えてナンボという感じですが、言葉を変えれば、タテマエ化しないように努力を払っているのです。そして、だからこそ目隠ししている女神でも「何が正義か」を判断しうる絶対的規範たり得ているのです。

では日本も欧米のようにすればいいのか、というと、日本では運用と解釈で幅を持たせることが習い性になっているため、大本のタテマエまで緩くすると、ホンネ部分の歯止めが利かなくなる危険性が常につきまといます。この問題、なかなか一筋縄ではいかないのです——。

✝横並びとタテマエ化

続いては、「ホンネでいいよね型」について。

この型が生まれる日本に特徴的な要因として、

「**集団の帰属重視。集団の教育力を活かす**」

という教育の価値観があります。

第5章で触れたように、日本人は、学校教育における「集団指導」の影響で、「他の人と同じがいい」「横並びがいい」という価値観を持っている人が少なくありません。

職場の人々でランチに行って、課長がA定食を頼むと、部下たち全員が「僕も」「私も」とA定食を頼むというのが端的な例。これは、やはり儒教文化圏の香港でも同じ傾向が見られるそうです。

面白いのがアメリカ。日本や香港とは真逆に、人と違うモノを注文することが個性の表れと考えられているので、意地でも他の人と違うモノを注文する傾向があり、このために自分の好きなモノが食べられないという不満が出るとのこと。(76)

日本の場合、なにせ他の人と違うことをすると、良い目では見られない、下手をするとイジメや批難の対象になるという教育環境で育ってきたわけですから、「とにかく人と同じに振る舞うこと」が、目を付けられないための安全策になるわけです。

また、特に大企業などでは、

「詳しいことはわからないけれども、他社がすでにやっているので、うちもやらないとまずいのではないか」

といって、横並びで何かを実施するという行動様式が散見されます。この背景には、長所を伸ばすのではなく、短所を埋めるという教育を徹底的に受けてきたことの影響もあるでしょう。要は減点評価されてしまう環境のなかで、「自分だけがやっていない」という形での減点を避けたいのです。

しかしこうした「人と同じ」「横並び」の選択に、切実な動機は存在しません。単に「何となく仲間の輪から外れたくないから」「目を付けられたくないから」「自分だけ違うと世間体が悪いから」「見栄えが悪いから」という理由だけ。ランチのように一時的なものであれば問題ありませんが、継続的な事象に関しては、時間がたつにつれて放置され、タテマエ化してしまうのが世の常。

このいい例が、企業における経営理念やCSR（企業の社会的責任）。日本人は、本質を立てて、それを規範として何かを判断するという思考様式が染みついていないため、立派な経営理念を作ったとしても、往々にしてそれがタテマエで終わります。実際、経営理念の必要性を企業幹部と議論すると、欧米流の「わが社の本質を示すのが理念だから、判断の基準にする」といった話はまず出ません。よくあるのが、

「社外イメージのためにぜひ必要」

といった意見。つまり、世間様に見せるタテマエとして必要だ、とまずは考えるわけです。だから神棚に祀って拝んでおいて、ホンネの基準は人間関係や数字。

CSRの場合も、「他社がみなやっているから」という理由で、慌ててCSR室を設置した企業が少なからずありました。そして、社内からCSRに該当しそうな事例を集めて

きて、小冊子にまとめて、社外にアピールして一安心――。

さらに、以前盛んだった「会社は誰のものか」の議論にも似た面があります。アメリカでは「会社は、第一に株主のもの」と一般的に合意されています。しかし日本では、次のような発言をする社長が少なくありません。

「ここだけの話、株主の前では、株主一番といいますし、従業員の前では従業員が一番、顧客の前では顧客が一番と使い分けていますね。私自身は従業員が一番大切だと信じていますが……」

そう、相手によって「何が一番大事か」のタテマエを使い分けているのです。これによってその場の体裁を整えて、一貫させることの問題や矛盾を回避するわけです。

†とにかくホンネを抑圧

もう一方の、「タテマエしか許さん型」の場合、日本ではそれを生み出す典型的な理由の一つが、

「社長らしさ、課長らしさ、学生らしさ、先生らしさ、裁判官らしさなど、与えられた役割に即した『らしさ』や『分（役割分担と責任）』を果たすのが何よりいいこと」

という価値観に他なりません。そして、この傾向を

「がまんが美徳」

という文化が後押しをします。

第2章で触れたように、もともと儒教には、「人は努力すれば聖人になれる」という考え方がありました。裏を返せば、「遊びたい」「楽したい」という欲望をがまんして、自分の欠点を克服する努力を続けないと、聖人にはなれないのです。

学校でいえば、自分の苦手で嫌いな教科の克服を、「がまんして」続けられる子でないと試験に合格できないという図式が瓜二つ。ホンネを「がまんして」抑圧することは、日本では称賛されるべき対象となるのです。

学校でいえば、「受験生らしさ」や「学生らしさ」を教師や親が押しつけて勉強させるというのが端的な姿ですし、会社でいえば、

「『現場依存』を特徴とするような精神主義」

を正当化するさいに、このタイプは頻繁にあらわれます。

たとえば、十分な給料や保証がないアルバイトや契約社員に対して、「今日から店長になってもらうよ、責任は重いけど、店長なんだから頑張って」などといって長時間の労働を余儀なくさせたり、アルバイトに、

「辞めるときは替りの人間探してから辞めろよな。そうじゃないと辞めさせないからな、

ちゃんと責任果たせよ」

と圧力をかけて、辞めるに辞められないようにしたり――。

いずれも「店長だから」「アルバイトの責任」といった言葉で「らしさ」や「分」を実質以上に強調し、上の人間（ないしは周囲）に都合のいい状況をつくり出す、という構図になっています。

そして、これは残念ながら逆は逆。つまり、「らしさ」や「分」を押しつける側は、自分自身にはそれを適用しない場合がまま見られるのです。ですから『論語』濃度が高い会社の幹部は、下手をすると次のようになりがち。

●出世するほど、仕事がなくなると言っていた。御輿に乗るタイプが多かった。
●『売り上げを上げろ、経費は下げろ。後は考えろ』という丸投げおじさんが多かった。
●数字が全部出終わった後に『何だこれは！』と文句は言うが、だからこうすべきとは一言も言えない。結果論の講釈はできるが、こうすべきとの具体論は一言もない。
（前掲『衰退の法則』）

いずれも、凋落した名門企業の関係者の声に他なりません。逆に外資系企業の場合、上に行くほど能力も実績も卓越するのが当たり前の姿。そして、あまりにも皮肉なことですが、凋落した名門企業の幹部にはこんな傾向もあるのです。

●偉い人には、求心力があった。人間的に魅力があり、親分肌、人間味がある人だった。
●偉い人に人格のない人はいなかった。(前掲『衰退の法則』)

人格は素晴らしい、だけど経営リテラシーや実務能力は低い——これ、まさしく『論語』の君子そのもの。日本の凋落する名門企業は、ある意味で『論語』的な良い人材を幹部に引き上げているのです。そしてそれが、凋落の一因になってしまうのです。

†空気や気分による抑圧

「らしさ」に代表されるタテマエがホンネを抑圧する場合、その理由は基本的に明示的なものですが、もう少し曖昧な要素——「上位者の気持ち」や「空気」がホンネを抑圧することもあります。

学校でいえば、「クラスの空気読むのウゼー」とホンネでは思っていたところで、実際には空気を読んで動かないと、いじめの対象になるのが典型的な形。

また会社でいえば、「社内での意見のいいやすさ」がこのいい例。

筆者は、小松製作所の社長などを務めた安崎暁《さとる》さんにインタビューしたさい、

「コマツは日本で最も成功したグローバル企業の一つと言われていますが、その要因は何ですか」

と尋ねたことがあります。安崎さんの答えはこうでした。

「タテマエ言ってるやつは会社の中でバカにされる。タテマエの議論ね。それだけ言うんならお前もう聞かないと、もう出てけというくらいの感じで。タテマエの議論をして、仲間だけで一杯やって文句言って、会社行ったら知らん顔して分かりましたって言うと、これじゃどうしようもないっていうのね。これ外国の会社は余りないですよ」

つまり、議論をするさいに、とにかくホンネでものをいう社風をつくり上げた、というのです。だから、グローバル化にも対応できた、と。

逆に『論語』濃度が高い企業では、これが非常に難しく、筆者は、経営陣を補佐する立場の人からこんな話を聞かされたことがあります。

「『耳の痛いことを言ってくれ、言ってくれ』と社長や役員が繰り返すので、本当に言うと、凄く嫌な顔をして、後で嫌がらせを受けたりするんです。本当に嫌になります」

自由に発言していい、というのはあくまでタテマエ。ホンネを隠して、上司の意図を忖

度した発言や行動をしないと評価してもらえない、なぜならば上司や経営者の「気分」や「気持ち」を害しかねないから――。

実はこうした行動の積み重ねが、日本的な「空気を読んで、一つにまとまっているように見える集団」を作るもとにもなるのです。

†見かけはまとまりを作れる日本人

日本人は根本的に「和」――学術的に言えば「集団主義」――なのかについては、様々な議論があります。ここでは、ホンネとタテマエに絡んだ、非常に考えさせられる指摘を一つご紹介します。

日本人は自分たち日本人のことを集団主義的な傾向があると考えているが、ただし「自分だけは例外」と考えている集団である。（『「日本人」という、うそ』山岸俊男、ちくま文庫）

社会学者の山岸俊男先生は、日本人が集団主義的かどうかを検証するさまざまな実験を行ったのですが、出た結論というのは、

●まず日本人は、本当は自分は個人主義的で、集団よりも自分を優先する人間だと思っている。
●しかし他の人たちは、自分とは違って集団主義的な考えの持ち主で、個人主義的な人間は好まないとも思っている。
●だから、自分をよく見せるためにも、自分も集団主義的に振る舞っておく。
●以上のような考え方を、ある集団のメンバーみなが、お互いに抱き合っている。

筆者自身は「まさしく自分はこの典型だ」と思ってしまったのですが、みなさんはいかがでしょうか。

そして、なぜ「自分は違うけど、ほかの人は集団主義的だ」と思ってしまうのか、といえば、これは幼稚園・保育園や小学校以来の、

「ある集団を作ったら、そこで『共感』や『思いやり』『和』をひたすら求められるし、それがいいと刷り込まれる」

という教育の賜物なのは明らかでしょう。自分は、「本当は人に合わせたくない」「共感なんて面倒」とホンネで思っていたとしても、「それが良いことだ」という価値観の刷り込みを延々と受けているので、「ほかの人はそれを良しと思っているはず」という類推に縛られざるを得ないのです。

またこの場合、「他人に合わせるのが目的」、つまり集団が目的になってしまっているがゆえ、その集団は「和」というより「同」に寄りがち。

楽天大学の学長であり、横浜F・マリノスのプロ契約社員も務めたことのある仲山進也さんが、こんな指摘をしていました。

「日本のワールドカップサッカーの代表チームに、外国人の監督が来るときがありますよね。そのとき、その監督は、

『おお、日本のチームは、最初から和ができているじゃないか』

と思うんです。日本人は、代表に選ばれた選手が集められたとき、お互いがお互いにとりあえず合わせておいた方がいい、と思っているので、喧嘩なんかしないし、表面上はまとまっている状態が続くんですよ。

一方、海外の代表チームの場合、自己主張が強いクセのある選手が集まってくるので、最初だけは大人しくまとまっていても、すぐに喧嘩をはじめてバラバラになるんです。でも、そうやって喧嘩しているうちにお互いを理解し合うようになって、深いレベルでの相互理解をもとにした、まとまったチームができたりするんです。

ところが日本チームは、表面上の和はできても、なかなかそれ以上深いレベルには行きません。この問題に気づいて、手を打てるのはいい監督、気づかずに終わってしまうのは

ダメな監督ですね」

言葉を換えれば、日本の場合、集団は「とりあえずまとまること」を目的にしやすく、どこかでそれを「勝利が目的」の集団に変えていかないと、強いチームには脱皮できないのです。

ただし、一言つけ加えておきますと、日本人は深い相互理解にもとづいた「和」が作れないわけではありません。そういったチームはいくらもあります。ただ、良くも悪くも「表面上は和」「タテマエだけは和」という集団を「空気」を読んで自然に作れて、しかもそれを続けられてしまうところに、日本人の特徴的な傾向があるのです。

†人は学習することを学習する

先ほどの山岸先生の研究からは、もう一つ日本人の心性に対する重要な示唆を汲み出すことができます。

こんな例を考えてみましょう。学校で集団指導がおこなわれるなかで、先生が「他人や集団に合わせるのがいいこと」と教えたとします。それを生徒はどう受け取るのか。もちろん素直に、

「とにかく他人や集団に合わせるのが大事」

と刷り込まれる生徒もいることでしょう。

しかし、そういった教えが、たとえば生徒のホンネとは乖離していたとします。先ほどの「本当は自分は個人主義的で、集団よりも自分を優先する人間だと思っている」というのが典型例。

さらに、そう教えている先生自身は一匹狼だったり、先生同士で言っていることが違ったり、一歩学校から出れば「他人に合わせるなんて馬鹿らしい」という価値観がネットやテレビで氾濫していたとします。すると生徒は、どう受け取るのか。

「『他人や集団に合わせなさい』という価値観を先生は刷り込んでくるが、環境やホンネはそれと矛盾している状況に、うまく適応しなければならない」

と刷り込まれるようになるのです。これは他の教育の基本であった「努力・精神主義」や「気持ち主義」についてもまったく同じこと。

会社でいえば、こんな話です。

ある会社で、社長や役員が「経営理念が重要だ」と社員に浸透させようとします。ところが、そんな社長や役員自身は経営理念をきちんと言えないし、実際には数字の話しかしません。するとどうなるか。社員のなかには、

「経営理念が重要だ」

と刷り込まれる人もいるかも知れませんが、より多くは、それを重視していない、

「『経営理念が重要だ』と刷り込もうとする社長や役員自身は、

という環境に適応しなければならない」

と学んで行動するようになるのです。

人は単に何かを学習するだけではなく、その置かれた文脈まで含めて「学習することを学習する」のです。そして学校においては「刷り込もうとしてくる内容」と「自分のホンネ」「環境」との矛盾が、まさしく生徒に「ホンネとタテマエ」の存在を強烈に焼きつけていきます。

では、こうしたタイプの刷り込みと、「他人や集団に合わせよう」「人の気持ちを考えよう」と素直に刷り込まれる場合とでは、何が違ってくるのでしょう。

前者の場合、「適応」がメインなので、「自分が適応しなければならない集団や対象、範囲がどこなのか」を探るようになること。

第6章で、ベビーカーの母親がバスの乗車で困っていても誰も助けないという例を引きました。しかし、「人の気持ちを考える」という価値観が本当に学校で子どもに浸透していれば、「自分がその母親の立場だとして、どうしてほしいか」を考えてみなが行動してもおかしくないはず。なぜそうならないのか。

その母親は「気持ちを読むべき対象の範囲」「適応すべき対象」に入らない、ないしは入りにくいからなのです。この線引きは、身内か否か（見知らぬ他人ならやらない）、感情移入できるかどうか（相手の気持ちがうまく想像できないのでやらない）、ホンネの許容度を超えるか（面倒ならやらない）、インセンティブの有無（報酬がなければやらない）といった要素で決まったりします。

この線の引き方によって、学校で教えられたよき価値観の数々は、タテマエ化したり、逆に実質化したりするわけです。

†賤しいカネと出る杭

筆者は、こうした「ホンネとタテマエ」の分離には、良い面も悪い面もあると考えていますが、一つここから、日本人にかなり特徴的なマイナス面が出てしまう、と見ています。いくつか補助線を引きつつ、これを説明していきましょう。

まず『論語』には、次のような言葉があります。

◆行動に際して、義を優先させるのが君子、利を優先させるのは小人である(77)

前にも触れましたが、これは「君子」がもともと「政治家」を意味していたがゆえの言葉。政治家であれば、公益のために活動すべきであり、私利など追い求めるべきではありません。何せ税金から給料もらっているわけですから。

しかし時をへて、『論語』が「一般的な人の道」「生き方」を示す古典として扱われるようになるなかで、

「カネカネばかりいうのは、恥ずかしい」

ひいては、

「金儲けにたずさわるのは賤しい」

「カネ自体がそもそも賤しい」

という価値観として定着していきました。日本では江戸時代、士農工商という身分制度を取っていたこともあってこうした風潮は強く、渋沢栄一は、

> わたしは十七歳のとき、武士になりたいという志を立てた。というのは、その頃の実業家は、百姓とともに賤しいとされ、世の中から人間以下の扱いを受けて、歯牙《しが》にもかけられない有様だったからだ。（『現代語訳 論語と算盤』渋沢栄一／守屋淳訳、ちくま新書）

と述懐しています。また、彼が大蔵省を辞めて実業界に飛び込んださい、同僚だった玉《たま》乃世履《のせいり》（後に初代大審院長、高等法院裁判長）から、次のような批難を受けたこともあります。

君も遠からず長官になれる、大臣になれる、お互い官職にあって国家のために尽くす身だ。それなのに、賤しむべき金銭に目がくらんで、官職を去って商人になるとは実に呆れる。今まで君をそういう人間だとは思わなかった。（前掲『現代語訳 論語と算盤』）

現代のわれわれにこういった感覚はほとんどありませんが、それは渋沢栄一が実業界に飛び込んで、苦労に苦労を重ねてその地位を引き上げてくれたおかげでもあるのです。筆者はこの点で、渋沢栄一は手塚治虫に少し似ていると感じています。

ただし、現代において実業家や商売人の地位はあがりましたが、「私利を追求すること」「金を儲けること」「カネカネいうこと」に対する反発は残り続けています。

学校でいえば、最近はやや変わってきたにしても、金銭絡みのことを教えることを公教育では非常に厭う傾向があります。日本人の多くは、織田信長や徳川家康についてそれなりに知っていても、渋沢栄一や岩崎弥太郎《やたろう》、安田善次郎《ぜんじろう》について具体的にはほとんど知りません。歴史の授業で詳しく扱わないからです。

企業でいえば、国際比較における、日本の社長の給料の低さはその典型ですし、松下幸之助の「水道理論（家電が水道代金のように安くなれば、みな幸せになれる）」ではありませんが、「いいものを、より安く」が日本の伝統的な産業のベースになり続けてもいます。

これが補助線の一つ目。

続いて日本には、

「出る杭は打つ」

という強い傾向が存在します。学校でいえば、「集団指導」において、集団から飛び出たものは、個性として尖らせるのではなく、もとにもどそうとするのが公教育の一般的な姿でした。

また「恕」の観点からいえば、日本人は自分が共感しきれなくなった対象（突然セレブになった友人、金持ちになった後輩等）を、仲間うちから外し、叩く傾向が出やすくなります。何せ、

「仲間とは、共感できる相手だ」

と、幼少期から刷り込まれ続けてきたわけですから……。これが補助線の二つ目。

†陰湿な嫉妬の感情

「カネカネいうのは賤しい」「出る杭は打つ」——以上、二つの補助線をもとにして、次のような状況を考えてみましょう。

たとえば筆者が、企業研修などで講師を引き受けたとします。ホンネではお金がたっぷり欲しいのですが、その気持ちを抑圧して、相手の会社から呈示された講師料に、

「もちろんそれで結構です」

と返事をします。カネカネいうのも何だか恥ずかしいし、相手から、

「薄謝で申し訳ありませんが、これがうちの社内規定ですので」

と言われてしまったし……。

ところがある日、同じジャンルで日頃からライバル視していた別の講師が、その会社で似たような講義をして、自分の何倍もの講師料をもらっているのを聞いてしまったとします。すると筆者は、どう思うのか。

「あの講師、俺の抑圧したホンネの欲望を満たしやがって許さん、後でネットに悪口書いてやる」

となりかねないのです。

つまり日本人は、

「陰湿《いんしつ》な嫉妬の感情を抱きやすい」

という傾向を持つのです。これと対照的なのが、やはりアメリカ。もちろんアメリカにも酷い嫉妬はたくさん存在しますが、日本のように「ホンネの欲望を抑えるのがいい」「がまんがいい」といった文化が一般的にはありません。ですから、

「アメリカンドリーム」

という言葉に、基本的にマイナスのイメージはつきません。早稲田大学のバーダマン名誉教授によれば、「お金ばっかり追って、それにしか価値を感じられないなんて」という違うニュアンスからの批判はあるようですが……。

逆に日本では同じような人が「成金」「成り上がり者」と呼ばれます。明らかにマイナスのイメージが伴うのです。しかも、「成金」や「成り上がり者」は、最初はちやほやされたとしても、何かやらかしたら突き落としてOKとなりかねません。

みなさんは、次の文章は何だかおわかりになりますか？

GO TO JAIL　日本長銀信用銀行3100、山一證券2700、Kanebo800、日興コーディアル証券189、ヤオハン128 ライブドア53

これはホリエモンこと、堀江貴文氏が二〇一一年に収監《しゅうかん》される直前に、自分のTシャツにプリントして、マスコミにアピールした文言なのです。《GO TO JAIL》、つまり「監獄に行け」。後は各社の粉飾決算の額。そして、このなかで実際に牢屋に行かされたのはホリエモンただ一人。

筆者は、ホリエモンのファンでも賛同者でもありません。しかし、このなかでたった一人だけ獄に繋がれたというのは、

「どうせ生意気な成り上がり者だろ、たたき落としてしまえばいいんだよ」

という心理が働いてしまった――そう、推測せざるを得ないのです。

もう少し敷衍《ふえん》して言えば、「陰湿な嫉妬の感情」に象徴される、

「ホンネが抑圧されて、人前で表に出せない、ホンネで行動できない」

というタイプは、ホンネ部分の抑圧が強ければ強いほど、逆にはけ口を欲してしまうのです。筆者はこの点が、日本特有の「匿名文化」を形作る一つの要因となっている、と見ています。

†匿名というはけ口

日本の総務省が二〇一四年に実施した「ICTの進化がもたらす社会へのインパクトに関する調査研究」によると、ツイッターやSNS、掲示板、ブログなどにおいて匿名率が諸外国に比べてかなり高いという結果が出ています。これは欧米との比較だけでなく、シンガポールや韓国と比べても有意に高いのです。

たとえば日本では、ツイッターの匿名での利用率が七五・一%ですが、フランスが四五%、それ以外の国はすべて三〇%台の匿名率。

そう、インターネットにおける「匿名」こそ、今の日本人にとっては絶好の「ホンネ」のはけ口。しかも、先述したような「陰湿な嫉妬の感情」がここに絡むと、人の感情のダークサイドがそのまま噴出します。そのわかりやすい例がアマゾンレビュー。

アメリカでは、基本的にレビューは実名主義。ですから非常に内容が濃くて的確なレビューが並びます。

ところが日本では、匿名がほとんど。すると、何が起こるのか。売れた本などが出ると、嫉妬した同業者や関係者などからのネガティブな評価が往々にして並ぶのです。

以下は、筆者の友人が本を出したときの実話です。その本は処女作でしたが、大手出版社から出版され、評判が良くてすぐに重版も決定。そんなとき、近所の同業者の知人たちがやってきて、

「素晴らしいですね、おめでとう」

と言って、お祝いしてくれたそうなのです。ところがその知人の一人が、その日の夜にアマゾンのレビューで、その本に星一つの評価をつけました。もちろん匿名でしたが、なぜわかったのか。レビュアーのページに飛ぶと、「欲しいものリスト」という欄があり、そこをクリックすると名前が出てきたとのこと。その知人、そこがリンクしていることを知らなかったんですね……。

筆者の友人は、それで人間不信気味になったといっていました。これは特殊な事例というわけではなく、作家同士で飲んだりすると、同じような体験談の愚痴話で盛り上がったりもします。

逆にアメリカの場合、特に男性においては、

「chicken（チキン）」

とは呼ばれたくないという文化が存在します。チキンとはつまり、弱虫や腰抜けのこと。『バック・トゥ・ザ・フューチャー』という映画には、主人公が「チキン」といわれてぶち切れそうになるシーンがありますが、匿名で人の悪口を書いている人間は、まさしくチキン。

さらに日本とアメリカとを比較して、次のような指摘があります。

日本だと、揉め事を表ざたにするということは、もうそこで、関係が終わってしまうことが多い。でも、アメリカでは、意見の食い違いから、人間関係がもつれたときは、まず、違いをはっきりさせることが、人間関係の改善、しいては、問題そのものの解決にもいい機会だと考えられている。（『ほんのちょっとした違いなんですが――日常生活の中の日米文化比較』池田和子、タイムス）

日本の場合、タテマエとしての「和」や「協調」が強く、意見対立のない状態を表面上でも維持していこうとします。しかし、ネガティブなホンネは、どこかではけ口を求めざるを得ないマグマのようなもの。そのために「匿名」「二面性」が登場せざるを得ないのです。

一方、アメリカでは意見の対立を、改善のための一歩ととらえ、肯定的に捉える傾向があります。学校では、そのためのディベートの授業を行い、お互いに攻撃的にならず、建設的に議論する方法を子供の時から学んでいたりします。

ですから帰国子女というのは、一般の日本人に比べて自己主張はするが、相手に対する攻撃性は低いという調査結果が出ています。[78] 逆に日本人は、タテマエとしての表面上の

「和」や「協調」が壊れた途端――ないしは「和」や「協調」を必要としない匿名空間では――たがが外れて、やたら攻撃的になったりします。

筆者は、日本よりもアメリカが良い、ヨーロッパが良いと思うタイプではまったくないのですが、こうした点だけは、もう少し欧米的な価値観を見習うべきだと考えています。

*

さて、ここまでホンネとタテマエの、マイナス面を中心にして見てきました。特に後半出てきた、

「ホンネが抑圧されて、人前で表に出せない、ホンネで行動できない」

というタイプは、ブラック企業のもとになったり、陰湿な嫉妬の感情のもとになったり、と良い面がありませんでした。こちらは極力なくした方がいいのは事実でしょう。

しかし一方で、前半に出てきた。

「二つ、ないしはそれ以上の矛盾したものを同時に扱いたいとき、片やタテマエ、片やホンネとして処理する」

というタイプの方は、実はタテマエが形骸化《けいがいか》しなければ、決して悪い考え方ではないのです。

クリスチャンの離婚は別にしても、「集団指導と個性化」や「経営理念と人間関係・数字」、「品質管理とノルマ」などは、一方をタテマエにして顧みなくなってしまうから問題が起こる、ともいえるのです。それどころか、『論語』や儒教には、

「二つ以上の矛盾したものを同じ重みで扱う」

というそのものズバリの考え方があります。端的なのが、『書経《しょきょう》』（孔子が弟子を教えるために使っていた古典の一つ）であげられた次の「上に立つ者の条件」。

◆寛容でありながら、厳しい一面がある。
柔和でありながら、芯が通っている。
慎重でありながら、ものごとの処理が機敏。
有能でありながら、相手を見下さない。
従順でありながら、意志が強い。
直情でありながら、心は温かい。
大まかでありながら、筋は通す。
決断力に富みながら、思慮深い。
行動力がありながら、善悪のケジメはわきまえている(79)

わかりやすくいえば、

●寛容さ（寛）⟷厳しさ（栗《りつ》）

●柔和さ（柔）⟷芯が通っていること（立）

●慎重さ（愿《げん》）⟷機敏さ（恭）

といった明らかに矛盾する要素を、同時にうまく扱うことで、人はよき指導者になれるというのです。こうした「対極をバランスする」という考え方は、日本人が取り入れた『論語』的価値観が孕《はら》んでいる問題点を、うまく中和してくれる可能性を持っています。

次の最終章で、再び渋沢栄一に登場してもらいつつ、その作法を紹介したいと思います。

第10章　手段としての「論語と算盤」

†インターネット時代と『論語』

筆者の尊敬する経営者の一人であり、スクウェア・エニックスの社長などを務めた和田洋一さんが、かつてこんなことを述べていました。

「最近ようやく『論語』を読み返す意味が出てきたのではと思っています。九〇年代になると、インターネットが表に出て来まして、株式市場に限らず、徹底的に不特定多数同士の結びつきが増えてきたと思います。でもここが、ターニングポイントだったんです。それまでは、徹底的に没個性にすることによって、情報の流通量、流通速度を上げてきた歴史だったのですが、インターネット以降、決定的に違うのは、これだけ多数の人々が参加しながら、一対一の会話ができるようになったことなんです。

たとえば私、Facebookで実名検索して、いきなりその人にダイレクトメッセージを送り、あなたの本を読んで感銘したので食事をしたいと言う、すると返事が来る、でもう、会食セットして、次のビジネスに繋がっています。この一カ月だけでも二回です。こんなことはインターネット以前はありえなかったんです。ネット社会がもっと進むと、とんでもなく多くの人達の間でありながら、無記名、没個性から、記名、個性になっていきます。ようやくテクノロジーが社会を変えるまで進んだのだと思うんです。ですから、ここで初めて、ネット上でどう振る舞うかを考えなければならなくなった。

そして、やっと今になって、多数の人達に対して一対一で話せるようになったんです。だから今こそ、『論語』を読みかえることによって、ネット社会、それからほぼ同じ背景で変質したグローバル社会を考えなければならない。これから社会を発展させるにあたって、何に規範を求めるかが論点として浮上し、『論語』の意味が出てきたのではないかと思いますね」

確かにインターネット以前は、一人ひとりから個性を剝奪して、「大衆」とか「視聴者」「読者」という括りに入れることで、TVやラジオ、本などを使った、不特定多数への情報ばらまきが可能になっていました。発信者は特定の権威づけされた組織や個人のみ。それを不特定多数の集団が受けとっていたわけです。

ところがインターネットの普及によって、一人ひとりが個人として、コミュニケーションの主体として表舞台に登場します。不特定多数のなかで一対一のつながりが簡単に作れたり、面白いコンテンツであれば一人の人間が何百万人に対してあっという間に情報を流せるようになりました。

さらに、Gunosy の創業者である福島良典さんに取材をしたときに、こんなお話をうかがいました。

「Facebook 以前って、知らない人からメールをもらっても、その人がどういう人なのかわかりませんが、Facebook であれば共通の友達が出てきますよね。あれは本当に信頼性が極まっていると思います。

Facebook が出てきて個々人がつながるのがインターネットというふうに、インターネットのパラダイムが変わったんですよ。

よく採用とかする時に、前の上司に、この人ってどうでしたかとか、リファレンスを取りますよね。そういった個人の信用を、より賢い方法で評価するようにしようとしたのが Facebook の天才的なパラダイムシフトなんです」

確かにいま、われわれは知らない人が「信用できるか否か」「繋がっていいのかどうか」を判断するのに、SNSであれば共通の友人の有無、友人の数や質を参考にして決められるようになりました。そのおかげで、ビジネスやプロジェクトが非常に進みやすくもなったのです。

そして、『論語』や儒教というのは、伝統的に「あの人は信用できる」「ぜひ友人になりたい」「知遇を得たい」と日本人が思い浮かべる人柄を作るのに土台となってきた教えに他なりません。特に、よき為政者やリーダーである「君子」とは、まさしく「周囲や下から信頼される個」「魅力的な個」のことであり、そういった人々が協調するのが「和」の本来の意味なのです。

インターネットの発達は、この「個」の価値が試されるようになった、ということも意味しているのです。

だからこそ、今後は「自分は大企業社員」「銀行員」「TV局勤務」といった所属先の組織の名前や権威よりも、個人として「信頼される人柄」を持っているか否かが重要にならざるを得ません。そうである以上、日本人はもう一度『論語』を学び直す意味が出てきた、というのです。

†目的化という罠

『論語』や儒教の価値観は、使い方によってプラスにもマイナスにも転ぶ面を持っています。第9章までは、そのなかでも、どちらかといえばマイナスに転んだ事例を中心に述べてきました。

しかしもちろん『論語』や儒教はうまく使えばプラスになる教えも多数あります。それどころが和田さんの指摘ではありませんが、今後ますますわれわれが積極的に学ぶべき面すら持ち併せています。

要は、その価値観の本質や、強みと弱みをきちんと理解したうえで、個人のレベルでも、集団や組織のレベルでも、うまく使いこなしていけばよいという極めて単純な話なのですが、これが案外難しい。

なぜならば、『論語』や儒教の価値観は、日本人にとっては無意識の刷り込みになっているため、知らず知らずのうちにその「価値観自体」や「扱い方」が目的化しやすいからなのです。

まず価値観自体でいえば、次のように——。

「今ある和や秩序、序列、空気はどんなときも乱しちゃいけない」
「らしさや分（役割分担）は絶対に果たさなければいけない」
「欠点をなくす努力を怠ってはならない」
「どんなときも頑張らなければならない」

「仕事で手抜きは許されない」

いずれも、一概に悪い考え方とはいえません。しかし目的化により絶対視されてしまうと、さまざまな問題を起こします。個性が育たない、空気ばかり読みがちになる、下にばかり努力が押しつけられる、動機づけが弱い、疲弊しやすい、不遇な人間を努力不足と見なしやすい……。

さらにこうした価値観の「扱い方」の方も目的化します。その端的な例が第9章で取り上げた「学習することを学習する」。

学校や企業で、何らかの価値観を刷り込もうとしても、それがホンネ（本当は面倒くさい）や状況（テレビやネットでは真逆のことをいっている）と矛盾する場合、価値観自体はなかなか刷り込まれません。その代わりに、その価値観をどう扱って、どう「適応」するかが刷り込まれていきます。具体的にいえば、

- 目の前の人や物事――バスの乗り降りで困っている、ベビーカーを押す女性
- 自分の所属する集団――サッカー日本代表として招集されたチーム
- 自分が置かれた状況――経営陣が刷り込みたい理念と現実とが矛盾する環境

などの対象に対して、こうした価値観を発揮するか否かが判断されます。そして、発揮した方がよいと判断されれば、ホンネではいやだと思っていても頑張ってやるし、そうで

なければやらないわけです。この場合、「『論語』や儒教の価値観という枠組みにとらわれた上での、状況への適応（しないことも含めて）」

が目的化してしまうのです。

日本人の「空気を読む」振る舞いの淵源として、第4章で「集団指導」を取り上げました。もう一つ上げるとするなら、この「学習することを学習する」になるのでしょう。いずれも「適応」が無意識に目的化する根深い土壌を提供するのです。

ですから、サッカー日本代表チームの例のように、本来は深い相互理解レベルでの「和」が不可欠のときでも、表面的な「和」ができた段階で「適応」という目的が達成してしまい、上からの介入がない限りそこから先に行けなくなってしまったりします。

✝本質と手段

さらにタテマエとホンネが分離するケースでも、この「目的化」がおこる場合があります。すなわち学校でいえば、「集団指導」が目的化し、企業でいえば「数字」や「ノルマ」、「人間関係の維持」が目的化する……。

いずれも、一つ上のレベルの目的や理念――健全な生徒の育成や経営理念――が存在しているはずなのですが、それがタテマエ化し、手段だったものが前面に出てしまうのです。日本人は、目的にしなくてよいものを、無意識に目的にしがちな傾向があるのかもしれません。

この背景の一つが、おそらく第7章で取り上げた「本質」をめぐる考え方の問題。欧米には、

「物事にはすべて本質があり、それを掴んでしまえば、それ以外のこともすべてコントロールできる」

という考え方がありました。裏を返せば、本質さえ立ててしまえば、他の要素はそのための手段と見なすこともできるのです。手段であれば、活かすも殺すも自由自在。

ユニクロ・オーストラリアの社長を務めていた宮坂彰一さんがこんな話をしていました。

「オーストラリア人社員は、一〇のことをやれというと、そのなかからまず二つとか三つとか、やらなくていいものを探すんです」

『論語』濃度の濃い日本人の目からすると、オーストラリア人は手を抜いているようにしか見えませんが、しかし「求められた結果」を目的とするなら、その他は手段。なるべく無駄を省いて、目的を達成しようとするのは合理的な発想なのです。

一方、日本の場合は、「本質重視」の考え方が社会に根づいているわけではなく、しか

も『論語』や儒教をもとにした、

「**努力・精神主義**」

という価値観があるため、本来は手段でもよいはずのものを目的にしがち。しかも、そうした手段の目的化が当たり前だ、という空気の集団のなかでは、ホンネでそう思っていない人たちも「適応」しなければと思って、同じことを始めるわけです。

先ほどの宮坂さんはこうも述べていました。

「日本人社員の場合は、一二とか一三までやろうとします。ただし、その分、時間がかかりますが……」

こうした傾向は、「職人のこだわり」「ものづくりの精緻さ」「鉄道や宅配便などの運営の精緻さ」といった、

「プロセスの丁寧さや完璧さ」

といった強みを生む一方で、人の過剰な消耗やストレス、過剰品質、高コスト体質、そして「スケジュール闘争」のような思考停止の呼び水ともなってきました。

ところがこうした目的化の罠から、完全に免れていたのが、ここまでたびたび触れてきた渋沢栄一に他ならないのです。

†「論語と算盤」の天秤

渋沢栄一のよく知られたモットーに、「論語と算盤《そろばん》」があります。このモットーは、他にも「道徳経済合一説」「義利合一」「義利両全」「士魂商才」などさまざまな表現で言いかえられています。その含意する内容は多岐にわたりますが、整理すると図表3のようになります。

この「論語と算盤」にかんしてまず渋沢栄一がユニークなのは、彼が『論語』を絶対視していないこと。実際、こう述べています。

『論語』には、おのれを修めて、人と交わるための日常の教えが説いてある。『論語』はもっとも欠点の少ない教訓であるが、この『論語』で商売はできないか、と考えた。そしてわたしは、『論語』の教訓に従って商売し、経済活動をしていくことができると思い至ったのである。(前掲『現代語訳 論語と算盤』)

ポイントは、「欠点の少ない」という部分。そう、彼は『論語』にも欠点はあると認めていたのです。一方の「算盤」の方はどうかといえば、やはりこんな指摘があります。

自分さえ都合がよければと思っていたら、たとえば鉄道の改札を通り抜けるにも、狭い場所で我先にとみながひしめくことになる。これでは誰も通れなくなって困ってしまうのだ。身近な例で考えても、自分さえよければいいという考え方が結局自分の利益にならないのは、この一事を見てもわかると思う。（前掲『現代語訳 論語と算盤』）

改札を比喩にして、行き過ぎた私利の追求も、結局、誰のためにもならないと指摘します。

つまり渋沢栄一は、『論語』と「算盤」、それぞれに強みと弱みがあると見抜いていました。だからこそ、二つはうまく釣り合いをとる必要があるわけです。

ただし正確にいえば、渋沢栄一のかかげる理想とは、「論語と算盤」が天秤のように釣り合っている状態ではなく、『論語』的な価値観こそが一番、「算盤」がそれに続くという構図

図表3 「論語と算盤」の内容

【論語 道徳 義】	【算盤 経済 利】
・公益	・私利
・理念・大義	・数字・実務
・保守	・進歩
・和・現状維持	・変化・革新
・意思・感情	・論理・合理

にありました。
なぜなら、彼は自分の広めようとしたシステムを「資本主義」とはいわずに「合本主義《がっぽん》」と呼び、それは以下のように定義されるからです。

「公益を追求するという使命や目的を達成するのに最も適した人材と資本を集め、事業を推進させるという考え方(80)」

そう、目的は「公益の追求」なのです。なぜなら、欧米列強から植民地にされかねないという状況下、それに対抗できる強い日本、ひいては繁栄した日本を作ることが渋沢栄一の抱く志だったからです。
しかし現実問題、これは難しい。多くの企業は「儲かりそうだ」という私利追求のために作られるのが一般的。そもそも、お金儲けが好きだから実業家やビジネスマンになるわけで、公益のために働きたければ官公庁やその関連団体に行けばいいだけの話。彼自身、こう述べています。

人は自分の利益ばかり謀ることが悪いとすれば、何を目的として働くのがよいのだろ

図表4　『論語』と算盤の強み／弱み

『論語』の強み	『論語』の弱み
・義（公益）を優先する態度	・封建的発想、たとえば男尊女卑
・仁（人道）の確立	・「和」や「同」の行き過ぎ　身内のかばい合い
・忠（良心）による物事への対処	・秩序重視の行き過ぎ　未来志向が弱い
算盤の強み	**算盤の弱み**
・競争による進歩	・優勝劣敗による二極化、弱者切り捨て
・経済合理性	・行き過ぎた経済合理性による社会的損失

う。他人の利益だけを謀ることを目的にして働くのがよいのだろうか。しかし、こうも言えるだろう。自分の利益を目的に働けば、世間から怨恨を受けるようになるが、だからといって他人の利益だけを目的にして働くというのは、宗教家は別にしても、普通の人には期待する方が無理というものだ。（『論語講義』渋沢栄一、引用者訳）

だからこそ、現実のビジネスの場では「論語と算盤」の天秤をうまく調整する必要がありました。そして彼は見事にそれをやってのけたのです。

†「君子は争わず」と「男尊女卑」

まず渋沢栄一が見出した「論語と算盤」、それぞれの強みと弱みは図表4の通りです。

そして彼は、各々の強みで、別の側の弱みをうまくおさえられる、と考えました。

まず『論語』の弱みである、「未来志向のベクトルにはそぐわない」という側面。『論語』には次のような言葉があります。

◆孔子が言った。「君子は、人と争わないものだ。しいて争う場面をあげれば弓の競技ということになろうか[81]」

そう、「和」を理想とする孔子にとって、争いとは、立派な人間がするべきものではありませんでした。ところが栄一は、こう言い切ります。

国家が健全な発達をとげていくためには、商工業においても、学術や芸術、工芸においても、また外交においても、常に外国と争って必ずこれに勝って見せるという意気込みがなければならない。国家ばかりではない、一個人においても、常に周囲に敵があってこれに苦しめられ、その敵と争って必ず勝って見せる気概がなくては、決して成長も進歩もない。（前掲『現代語訳 論語と算盤』）

何だか『論語』に喧嘩を売っているような内容ですが、「算盤」に含まれる「競争と進歩は、未来を作るために不可欠」という観点から、「君子は争わない」を否定します。

実際に渋沢栄一は、まだひ弱だった日本の実業界の地位を高め、助け合うために東京商工会議所をはじめとする、さまざまな経済団体の設立に関わりました。業界に「和」を作り、育もうとしたのです。

しかし一方で、独占企業によって占められている業界には、わざわざ競争を導入しました。このいい例が、海上輸送。三菱汽船会社が独占していたところに、わざわざ共同運輸会社というライバル企業を作って競争を促したのです。

さらに、『論語』の最も封建的な側面の一つ「男尊女卑」。

◆孔子が言った。「女と使用人は始末におえない。目をかけてやるとつけ上がるし、突き放すと逆恨みする(82)」

これに対して渋沢栄一は、こう述べています。

女性に対する昔からの馬鹿にした考え方を取り除き、女性にも男性と同じ国民としての才能や知恵、道徳を与え、ともに助け合っていかなければならない。そうすれば、今までは五千万の国民のうち二千五百万しか役に立たなかったのが、さらに二千五百万を活用できることになるではないか。これこそ、大いに女性への教育を活発化させなければならない根源的な理屈なのだ。（前掲『現代語訳 論語と算盤』）

彼は「算盤」に含まれる「経済合理性」の観点から、「男尊女卑」を否定しました。ただし、栄一自身も最初は、儒教の影響もあって伝統的女性観――男につき従い、家庭におさまる女性を良しとする――を抱いていました、しかし日本女子大学を設立した成瀬《なるせ》仁蔵《じんぞう》の影響を受けて、考え方を改めたのです。彼は九一歳、つまり亡くなる年に日本女子大学の学長まで引き受け、女子教育に尽力しました。

†「弱者切り捨て」と「経済合理性の行き過ぎ」

逆に、「算盤」の問題点を、『論語』によっておさえた端的な例が、東京市養育院。渋沢栄一は数多くの企業や社会事業に関わりましたが、そんなすべての事業体のなかで最も長く責任者を務めたのが養育院の院長に他なりません。何と六〇年弱。

養育院は明治五年に、病気や障害などで働けなくなった人や、身寄りのない子供たちを養育するために作られた施設でした。当初、東京市の管轄でしたが、やがて議員たちから、その存続に対して次のような反対意見が出ます。

「このような慈善事業は、自然となまけた人間を作るようになるから、むしろ害があって利益のないものである。このような事業に多額の経費を投ずることはとてもよろしくない。ぜひ廃止してその経費をほかの有用な方面に利用すべきである[83]」

まさしく第4章で触れた「成功していないのは、努力が足りないから」といった論法で、実際に一時期、養育院は東京市の管轄から外されてしまうのです。しかし渋沢栄一は、

「人の常に抱くべき『人道』とは、何より良心と思いやり（忠恕）の気持ちを基盤にしている[84]」

として、金持ちからの寄附などを募って施設を継続。最終的には再び東京市の管轄にもどされました。

「算盤」に含まれる「優勝劣敗《ゆうしょうれっぱい》」や「二極化」「弱者切り捨て」が引き起こす問題は、『論語』の徳目である「忠（良心）」や「恕（思いやり）」によって救われるべきだ——そう栄一は考えていたのです。

さらに、こんな例もあります。

彼は、日本の農業を発展させるためには、硫酸が原料の人造肥料が必要だと考えていました。そこで、他の財界人たちと大日本人造肥料会社を設立しますが、うまくいきません。

赤字続きで、他の出資者はみんな手を引いてしまいます。しかし栄一は、

「この事業は日本の未来のために必要だ」

と信じて、手を引かず、ひとり残って会社の経営も引き受けます。そして六年かけて苦心惨憺、会社を黒字化するのです。

この場合、「算盤」が含んでしまいがちな「経済合理性の行きすぎ」、つまり社会に必要なものでも目先の利益が出なければ止めてしまうという問題に対しては、やはり『論語』の徳目である「義（公益・正しさ）」を配置して、その問題を解消しようとしたのです。

栄一は、実際に「論語と算盤」それぞれの強みで、もう一方の問題点を抑えたり、解消に取り組んだ人物でした。

ではなぜ、彼はこのような行動がとれたのか。それは彼にとって論語も算盤も、結局は、

「手段」

に過ぎなかったからなのです。

現在の渋沢以上の渋沢

渋沢栄一にとっては、『論語』を世間に広げることが目的でも、素晴らしい実業界を日本に築くことが目的でもありませんでした。彼にとっては、

「欧米列強から植民地にされない強い日本、繁栄した日本を作ること」こそが目的だったのです。

栄一は二三歳の時、父親に対して次のようなことを述べています。

武士の政治がここまで衰え、腐敗が進んでしまった以上は、もはやこの日本はどうなるかわかりません。もし日本の国がこのまま沈むような場合でも、「自分は農民だから少しも関係ない」といって傍観していられるのでしょうか。何事も知らなければそれまでのことかもしれません。しかしいったん知った以上は、国民の役割としてけっして安閑としていられるものではないと思われます。もはやこの時勢になった以上は、百姓、町人、または武家の差別などないし、血洗島《ちあらいじま》村の渋沢家一軒の行く末を気にしても意味がありません。私個人の決断については、なおさらのことのように思います。（前掲『雨夜譚』）

彼はここで披露した決意を一生貫き通しました。そんな高い志を抱いた栄一にとっては、『論語』も実業も、それを達成するための一つの手段。だからこそ、道具としてそれぞれの強みと弱みとを客観的に把握し得て、「片方の強みを以って、他方の弱みを抑える」ことができたのです。

『論語と算盤』には、驚くべき一文が収められています。

もし自分に、自分を知ることのできる見識があって、十五、六歳の頃から本当の志が立ち、初めから商工業に向かっていったとしよう。そうであったなら、現実にわたしが実業界に足を踏み入れた三十歳頃までに、十四、五年という長い年月があった。その間に商工業に関する素養をもっともっと積むことができたに違いない。かりにそうであったとすれば、あるいは実業界における現在の渋沢以上の渋沢が、生まれていたのかもしれない。しかし残念ながら、青年時代の見当違いなやる気で、肝心の修養するべき時期をまったく方向違いの仕事でムダに使ってしまった。（前掲『現代語訳 論語と算盤』）

渋沢栄一は、四八一の企業にかかわり、同時に六〇〇余りの社会事業にもかかわり、引退後は当時悪化していた日中関係や日米関係の改善に努力し、ノーベル平和賞の候補に二回なりました。

そんな渋沢が、

「現在の渋沢以上の渋沢が、生まれていたのかもしれない」

と記す――。

唖然《あぜん》とするような言葉ですが、これは彼に非常に高い志があったからこそなのです。だからこそ、「まだまだ、こんなはずではなかった」という思いを彼は常に抱き続けられたのです。

この点、現代を生きるわれわれも大いに参考になる、と筆者は信じています。

†論理的・客観的な議論

さらに、われわれレベルでいえば、ここまで大掛かりな話でなくても、渋沢栄一の「論語と算盤」のような、

「二つの対極的な考え方を、ともに手段として扱い、うまく成果を出す」

というやり方の実践法があります。

現代の企業活動のほとんどは、当然のことですが「秩序の維持と安定」「進歩と革新」、二つのベクトルを併せ持っています。そんななか、事業環境が前者に比重がある場合は、『論語』や儒教の価値観を反映した家族主義的経営がうまくはまりやすいことを意味します。

大和《やまと》合金という戦前から銅合金を作っている会社があります。戦時中は戦車の部品など

も作っていました。

現場では、銅に他の金属を混ぜてドロドロに溶かし、固めて鍛えるといった作業をしているのですが、夏場、作業所の気温は五〇度を超えるような過酷さ。いわゆる3K（きつい、汚い、危険）の典型のような職場ですが、社員の会社に対する愛情は深く、社長が正月に用があって会社に行ったとき、何か音が聞こえるので見に行ったら、すでに辞めたOBが、「お世話になったお礼」だといって、工場を掃除していたそうなのです。

もともとこの会社、新卒採用などでは社員が採れず、採用試験ですべて落とされた人や、ひきこもりのような生活をしていた人などを紹介で採ってきました。過酷な職場ですが、先輩や社長が実に面倒見がよく、伝統的な家族経営のよき部分を体現していて、親子二代で働いている社員もいます。

他にも筆者が実際に取材したなかでは、三州製菓や伊那食品工業、埼玉種畜牧場・サイボクといった企業が、同じような経営をしていました。銅合金にせよ食品にせよ、業界のベースとなる部分で変化があまりないという事業環境では、「過去の良きものの継承」が一つの柱になりやすく、儒教的な家族経営がうまくはまりやすいのです。

ただし、当たり前ですがそんな経営をする場合も「算盤」は当然、必須になってきます。前にも登場して頂いた小城さんが、次のように述べていました。

「凋落する名門企業と、凋落しない名門企業には、実はそんなに差がないんです。ただ、凋落しない名門企業の方は、『論理的・客観的な議論ができる』という線が一本くさびのように引かれているんです」

これもまた「論語と算盤」の一つの形に他なりません。

われわれ日本人は、本質を立てて、それをタテマエ化しないよう改訂しつつ、守り切るという手法の活用にかんしては欧米に比べて劣っているかもしれません。しかし逆に、大局を見て、矛盾した要素をうまく釣り合わせて、成果をあげていく巧みさは持ち合わせているはず。この特徴を活かさない手はないのです。

＊

本書を締めくくるにあたって、筆者の個人的な経験から感じたことを、書き綴ってみたいと思います。

昨今、大企業を中心に社員に対するリベラルアーツ研修が流行っています。筆者もその講師として、のべ三〇社以上で『論語』や中国古典についてお話をしてきました。

リベラルアーツというのはギリシア・ローマからの歴史を持つ、いわば西欧の「教養」の伝統のこと。大学でいえば一、二年次に必修になっている「一般教養」こそ、リベラルアーツを直訳したものなのです。

では、なぜ「一般教養」が企業研修で流行っているのか。一つのきっかけとなったのが、二〇一三年の年末に日経新聞の夕刊に載った「職場研修で教養を」という記事でした。大企業では今、リベラルアーツ研修がブームになりつつあるということで、三社での取り組みが紹介されていたのです。

この記事が出て以来、実施する企業の数が飛躍的に伸びました。筆者のもとにも、その記事が出た後に、ある大企業の研修担当者が会いたいとやってきました。そして、いきなりこう切り出したのです。

「弊社でも、リベラルアーツ研修をやりたいのですが、そもそもリベラルアーツって何ですか？」

ああ、日本の大企業って本当に横並びなんだな、と身を持って知った瞬間でした——。

ただし、最初期からリベラルアーツ研修を手掛けている企業には、もちろんきちんとした導入の意図がありました。筆者は、そうした企業の研修責任者に、

「なぜリベラルアーツ研修に取り組んだのですか。しかも、リベラルアーツという横文字の世界に中国古典まで入れて」

と尋ねたことがあります。答えはこうでした。

「うちの社長は、以前こんなことをいっていました。海外で戦うためには、まず自分自身を知らなければ戦えない。日本人の文化や常識の一つになってきたのが『論語』や中国古典なので、自分自身を知るために学ぶ必要があるんだ、と」

まさしく『孫子』にある「彼を知り、己を知れば百戦して殆《あや》うからず」という名言そのもののような内容が返ってきたのです。

さらに、リベラルアーツという言葉には「リベラル」、つまり「自由」という言葉が含まれています。「教養」のなかに「自由」が入り込む理由とは、ギリシア・ローマ以来の次のような考え方があるから。

「人は学べば自由になれる」

いろいろな意味が含まれる言葉ですが、一つには次のように解釈することができます。

「学ぶことによって、人は自分を無意識に縛るものを知り、そこから自由になることができる」

中国古典、特に『論語』や儒教系の教えというのは、歴史的にすぐれたリーダー論や組織論、そして人生論として活用され続けてきました。本書の観点でいえば、渋沢栄一のような人物を実際に育んだことが何よりの証拠でしょう。現代でも、そうした実学的な読み方の本が、多く出版されています。

そして同時にその教えは、日本人を無意識に縛る価値観となって、その強みと弱みとを生み出してきました。

本書では、後者のリベラルアーツ的な側面に焦点を当てながら、

「もっと自由になるため」

「他者や集団、社会を理解するため」

「豊かな未来への選択肢を持つため」

のヒントを探究してきました。「自分自身」を、そして「他者」を、さらには「自分を取り巻く世界」を学ぶことで、人はより自由になれるのです。本書がその一助となれたなら、筆者としては幸いです。

注

まえがき

（1）和田洋一スクゥエア・エニックス前社長の指摘。

（2）《九歳以前の子どもは、自分固有のものがまだ確立していないので、違う文化へ行っても、そこでの一般的な行動をはじめは戸惑いながらも、あまり抵抗なく受け入れていくのではないかと考えられた（中略）一一歳から一四・一五歳の間に異文化圏に移行した場合は、前述のように、新しい文化環境の意味空間に不協和を感じていることが観察された。自文化の対人関係行動の意味空間への包摂がすでにかなり進行しているので、異文化の意味空間に不快感を経験するからである》（『文化のなかの子ども』箕浦康子、東京大学出版会）

第1章

（3）魯の大夫の政を乱せる者少正卯を誅し、国政を与り聞く。（『史記』孔子世家）

（4）子曰く、「吾未だ徳を好むこと色を好むが如き者を見ざるなり」（『論語』子罕篇）

（5）甚だしいかな、吾が衰えたるや。久しいかな、吾また夢に周公を見ず。（『論語』述而編）

（6）子曰く、「述べて作らず、信じて古を好む」（『論語』述而篇）

(7) 子曰く、「君子は争う所なし。必ずや射か」(『論語』八佾篇)

(8) 定公問う、「君、臣を使い、臣、君に事うるには、これを如何」孔子対えて曰く、「君、臣を使うに礼を以ってし、臣、君に事えるに忠を以ってす」(『論語』八佾篇)

(9) 有子曰く、「礼の和を用って貴しとなすは、先王の道もこれを美となす。小大これに由れば、行われざる所あり。和を知りて和すれども、礼を以ってこれを節せざれば、また行わるべからず」(『論語』学而篇)

(10) 孟武伯問う、「子路、仁なりや」。子曰く、「知らざるなり」。また問う。子曰く、「由や、千乗の国、その賦を治めしむべし。その仁を知らざるなり」。「求や如何」。子曰く、「求や、千室の邑、百乗の家、これが宰たらしむべし。その仁を知らざるなり」。「赤や如何」。子曰く、「赤や、束帯して朝に立ち、賓客と言わしむべし。その仁を知らざるなり」(『論語』公冶長篇)

(11) 佛肸、召く。子往かんと欲す。子路曰く、「昔者、由やこれを夫子に聞けり。曰く、親からその身に於いて不善を為す者には、君子は入らざるなり、と。佛肸。中牟を以って畔く。子の往くやこれを如何」。子曰く、「然り。この言あるなり。堅しと曰ざらんや。磨すれども磷がず。白しと曰ざらんや。涅すれども緇まず。吾豈に瓠瓜ならんや。焉んぞ能く繋りて食われざらん」(『論語』陽貨篇)

(12) 「敢えて死を問う」。曰く、「いまだ生を知らず、焉んぞ死を知らん」(『論語』先進篇)

(13) 遇と不遇とは時なり(『荀子』宥坐篇)

(14) 雩して雨ふるは何ぞや。曰く、何もなし。なお雩せずして雨ふるがごときなり(『荀子』天論篇)

第2章

(15) 有子曰く「その人と為りや、孝弟にして上を犯すを好む者は鮮《すく》なし。上を犯すを好まずして乱を作すを好む者は、未だこれあらざるなり」(『論語』学而篇)

(16) 君子の徳は風なり。小人の徳は草なり。草、これに風を尚うれば、必ず偃す(『論語』顔淵篇)

(17) 斉の景公、政を孔子に問う。孔子対えて曰く、「君、君たり、臣、臣たり、父、父たり、子、子たり」(『論語』顔淵篇)

(18) 性、相近し、習、相遠し(『論語』陽貨篇)

(19) 教え有りて類無し(『論語』衛霊公篇)

(20) 唯だ上知と下愚は移らず(『論語』陽貨篇)

(21) 今、人にわかに孺子のまさに井に入らんとするを見れば、皆、怵惕惻隠の心あり(『孟子』公孫丑篇)

(22) 皆人に忍びざるの心あり(『孟子』公孫丑篇)

(23) 人之初　性本善　性相近　習相遠(『三字経』)

(24)《近世の日本では、各社会階級の内部で細分化された身分、さらに性別・出生順位などによって規定された自分の「所」を受け入れ、それに応じた課題を忠実に遂行できる人間になることが、発達の一つの重要な目標であった。そして、そのような人間であることは、当人の自尊心の最大の源泉となった》(『子育ての伝統を訪ねて』小島秀夫、新曜社)

(25) 子の親に事うるや、三諫して聴かれざれば、号泣してこれに随う(『礼記』曲礼下篇)

(26) 人臣たるの礼は、顕わには諫めず。三諫して聴かざれば、則ちこれを逃る(『礼記』曲礼下篇)
(27) 孔子に向って、「先生はどうして政治に参画されないのですが」とたずねた者がいる。孔子は答えた。「『書経』にも、〝親孝行な人間は兄弟仲もよい。それを世の中に広めていくのが政治なのだ〟とあるではないか。してみると、私の今の生活だって政治そのものである。廟堂に座ってあれこれ指図するだけが政治ではあるまい」(或ひと孔子に謂いて曰く、「子奚《なん》ぞ政を為さざる」。子曰く「書に云う、孝なるかなこれ孝。兄弟に友に、有政に施す、と。これもまた政を為すなり。奚ぞそれ政を為すを為さん」」(『論語』為政篇)
(28) 魯の家老職にあった季氏は、周公よりも富を蓄えていた。それなのに、支配人に召しかかえられた冉有は、あこぎなやり方で税金を取り立て、季氏の富をふやしてやっているではないか。孔子は弟子たちに呼びかけた。「もうあいつは仲間ではない。諸君、軍鼓を鳴らして討伐してもいいぞ」(季氏、周公より富む。而して求や、これがために収斂を為し、これに附益す。子曰く、「吾徒に非ず。小子、鼓を鳴らして、これを攻めて可なり」」(『論語』先進篇)
(29) 弟子入りては則ち孝、出でては則ち弟(『論語』学而篇)
(30) 宗族は孝を称し、郷党は弟を称す(『論語』子路篇)
(31) 子曰く、「その身正しければ、令せずして行なわる。その身正しからざれば、令すといえども従わず」(『論語』子路篇)
(32) 王の王たらざるは、為さざるなり。能わざるに非ざるなり(『孟子』梁恵王篇)
(33) 《自然村の秩序は、これを次の五つの原理に帰着させることができる。第一は神道主義(シントーイズム)、第二は長老主義(ジエロントクラシー)、第三は家族主義(ファミリズム)、第四は身分主義

（フューダリズム）、第五は自給自足主義（メンタル・オータ－キ－）である。》（『近代日本の精神構造』神島二郎、岩波書店）
（34）《民衆のあらたに獲得すべき生活規律が武士階級の倫理の理想化――儒教道徳の純粋化という形態でしか表象されることができなかった》（『日本の近代化と民衆思想』安丸良夫、平凡社ライブラリー）
（35）《勤勉、倹約、謙譲、孝行などは、近代日本社会における広汎な人々のもっとも日常的な生活規範であった。》（前掲『日本の近代化と民衆思想』）
（36）人一たびしてこれを能くすれば、己はこれを百たびす。人十たびしてこれを能くすれば、己はこれを千たびす（『中庸』二〇章）
（37）玉《たま》琢《みが》かざれば器と成らず。人学ばざれば道を知らず（『礼記』学記篇）
（38）《百姓たちは武器を持って幕藩領主と戦ったりはしない。仁政イデオロギーに基づいて、幕藩領主＝「御公儀」「お上」のお救いを引き出すのである。》（『幕末の世直し　万人の戦争状態』須田努、吉川弘文館）

第3章

（39）《府県立師範学校は「忠孝彝《い》倫《りん》ノ道ヲ本トシテ管内小学校ノ教員タルヘキ者ヲ養成」（府県立師範学校通則第一条）することが目的とされた。当時の小学校教育と同様、儒教主義による教員の内面形成が重要な課題とされていたことが分かる。》（『日本の教育改革』尾崎ムゲン、中公新書）
（40）仁を賊う者、これを賊と謂い、義を賊う者、これを残と謂う。残賊の人はこれを一夫と謂う。一夫の紂を誅せるを聞くも、いまだ君を弑せるを聞かざるなり。（『孟子』梁恵王篇）

(41)《(大逆事件などの影響で)国民道徳の教育の場である小学校の国定教科書は、歴史上の事実も国民道徳優先の立場で選択すべきだとされることになった。以後、日本の学校制度は二重性を明確にすることになる。(中略)国民道徳の優先性を主張した東京帝国大学教授の井上哲次郎も、大学での「道徳史」の講義では「実証的」に万世一系が虚構であると説明していた。》(『教育史入門』森川輝紀・小玉重夫、放送大学)

(42) 子、子産を謂う。「君子の道、四あり。その己を行なうや、恭。その上に事うるや、敬。その民を養うや、恵。その民を使うや、義」(『論語』公冶長篇)

(43) 子曰く、「君子は義に喩り、小人は利に喩る」(『論語』里仁篇)

(44) 志士仁人は、生を求めて以て仁を害すること無し。身を殺して以て仁を成すこと有り(『論語』衛霊公篇)

(45)《わが国の従業員、とくに男子常用雇用者は一企業に長期継続的に(いわゆる終身雇用として)雇用される傾向が高く、労働市場の流動性が低い。また、年功賃金はどの国にも存在するが、他国にくらべてわが国の給与は勤続年数により大きく反応する。さらに企業業績の向上をすべての従業員に割り戻すボーナス制は、他国にはほとんど存在しない。また長期雇用を反映して、企業内の上位の地位は企業内従業員の内部昇進によって埋められる。》(『現代日本経済システムの源流』)

(46)《(1958と60の改定)この時の想定された人間像は、イデオロギー対立の中でもゆるがない道徳的信念を持ち、かつ科学・技術力を有して、経済復興に邁進する勤勉な国民像と言えます。/道徳的であるというのは、イデオロギー対立が深刻な時代、しかも世界的な冷戦構造において、自由主義の穏健な思想と共産主義に対して揺るがない道徳的信念が重視されました。共産主義を奉じるソ連と中国が、しだいにその勢力を伸ばし、思想的な影響を日本にもたらし、労働運動などを通してかなりの広がりを見せていましたので、自由主義の精神と日本の伝統的な道徳を教育することが必要とされ、道徳の時間が設置されたのでした。ですから道徳教育の本当のねらいは対共産主義にありましたが、実際の道徳教育の内容は自由主義と伝統的な社会規範そのものでした。》(『学習指導要領は国民形成の設計書』水原克敏、東北大学出版会)

(47)《日本は、中国や韓国等の国と同様、道徳の時間、道徳教育をカリキュラムの中に位置付けているタイプの国であることだ。また、道徳教育に関して、望ましいとされる価値を提示して伝達する、価値注入的なアプローチをとっている国でもある。》(『子どもたちの三つの「危機」』恒吉僚子、勁草書房)

(48) 君子は食飽くことを求るなく、居安きを求るなく、事に敏にして言に慎み、有道に就きて正す。学を好むというべきのみ(『論語』学而篇)

第4章

(49) 君子は人の美を成し、人の悪を成さず。小人はこれに反す(『論語』顔淵篇)

(50) 子曰く、「吾、十有五にして学に志す。三十にして立つ。四十にして惑わず。五十にして天命を知る。六十にして耳順う。七十にして心の欲する所に従いて矩をこえず」(『論語』為政篇)

(51) この解釈は、明治大学の加藤徹先生と私が、同時期に発見したもの。

(52) 人の己を知らざるを患えず。己の能なきを患う(『論語』憲問篇)

第5章

（53）《アメリカの学校や社会が、もっと体系的に、かつ意識的に「ソフトな」能力を育てる必要があるのだと主張する人々の多くが、協調するということが、人格の弱さを示すのではなく、いかに望ましいことであるのかを、アメリカ人に対して説得する場面がしばしば出てくる》《特徴的なことは、それがあくまで第一義的に学力との関係で評価されることであろう》（『「教育崩壊」再生へのプログラム』恒吉僚子、東京書籍）

（54）君子は周して比せず。小人は比して周せず（『論語』為政篇）

（55）君子は義に喩り、小人は利に喩る（『論語』里仁篇）

（56）君子は坦として蕩蕩たり。小人は長えに戚戚たり（『論語』述而篇）

（57）《海外でのいじめは、いわば確信犯によって担われている。（中略）日本の場合、誰が被害者にまつり上げられてもおかしくないわけで、常に「あすは我が身」という意識がある。》（『いじめを許す心理』正高信男、岩波書店）

（58）礼の和を用って貴しとなす（『論語』学而篇）

（59）君子は和して同ぜず、小人は同じて和せず（『論語』子路篇）

第6章

（60）子貢問いて曰く、「一言にして以って終身これを行うべきものありや」。子曰く、「それ恕か。己の欲せざるところ、人に施すことなかれ」（『論語』衛霊公篇）

(61) 子曰く、「参や、予が道は一以ってこれを貫く」。曾子曰く、「唯」。子出づ。門人問いて曰く、「何の謂ぞや」。曾子曰く、「夫子の道は、忠恕のみ」(『論語』里仁篇)

(62)《協調行動は、人々が相手の立場を考慮しながら合意に達すること、つまり、感情移入能力の駆使を要する。(中略)日本の小学校は、アメリカには存在しないような数多くの協調行動の場、そして、それを通じて、感情移入能力の練習の場を与えていると考えられる。班、日直や多様な係りが存在し、作業を集合的に受け持ったり、学校をまとめていく役目を担っている。》《教師の誘導のもとに児童たちが自分たちの目標を相談し、自分たち自身で決めた規則に〝自発的〟に従っていると彼らに感じさせるような配慮がなされている。》(『人間形成の日米比較』恒吉僚子、中公新書)

(63) 小学校二〇二〇年度から、中学校二〇二一年度から、高校二〇二二年度から施行。

(64)《エッセイと呼ばれる小論文の基本を身に付け、さらにそれ以外に様々な作文の様式を習得して、その中から選択して目的に合った文章を書けるようになること、それが調査対象になったアメリカの小学校の作文指導で目指されていることだった。》(『納得の構造　日米初等教育に見る思考表現のスタイル』渡辺雅子、東洋館出版社)

(65)《日本の母親は、子どもは「いい子」なのだというタテマエをとるので、対立は本来あるべからざることで、いけないことをしているのは事態をよくわかっていないからだという仮説をとり、結果を説明したり人の気持ちに言及したりして「わからせよう」とする。わかればいけないことはしないはずだ、と考えているのだと解することができよう。》(『日本人のしつけと教育』東洋、東京大学出版会)

(66)《メイソンたち(Mason et al., 1989)も日本の国語教育についてアメリカのそれとの比較分析の中で日本の教師たちは文字として書かれてあることばかりでなく、その背後にある事柄、とくに登場人物の気持ちを読みとるような「深い読み」を強調していると述べている。深い読みとはひとことで言うと「味わって」読むことであるが、それは文中のわずかな表現の違いから来る微妙なニュアンスの違いを敏感に気づき、そこから登場人物の気持ちを推測するというよりはむしろ自らを登場人物に同一化して共感的に理解し、作者の意図についても考えるような読みである》(『アメリカの学校文化 日本の学校文化』臼井博、金子書房)

(67)《「人を見たら泥棒と思う」傾向のある人は、集団の中で誰と誰が親密な関係にあるかといった関係性にはよく気を使っているが、そういった関係に縛られない状態での行動に影響する、他人の一般的な人間性についての洞察力はあまり高くないという結果です。》(『安心社会から信頼社会へ』山岸俊男、中公新書)

第7章

(68) 声は五に過ぎざるも、五声の変は、勝げて聴くべからず。色は五に過ぎざるも、五色の変は、勝げて観るべからず。味は五に過ぎざるも、五味の変は、勝げて嘗《な》むべからず(『孫子』兵勢篇)

(69) 子曰く、「これを道くに政を以ってし、これを斉うるに刑を以ってすれば、民免れて恥るなし。これを道くに徳を以ってし、これを斉うるに礼を以ってすれば、恥ずるありて且つ格し」(『論語』為政篇)

(70) 政とは正なり(『論語』顔淵篇)

(71)《〈理〉とは、超越性を持った宇宙の最高原理である。朱子学的社会においては、皇帝や王といった地上の最高権力よりも、〈理〉のほうが上位に位置していた。だから自ら〈理〉を体現していると自負する士大夫たちは、いまだに（理）を身につけていない皇帝や王を教育し、諌め、矯正することができたのである。／このようなメンタリティが、今でも韓国社会にある。政治的には大統領がいかに強大な権力を握っていようとも、韓国人にとって大統領よりも高いレベルの価値があるのであり、それが（理）なのである。》（『朱子学化する日本近代』小倉紀蔵、藤原書店）

第8章

(72) 子曰く、「君子は、器ならず」（『論語』為政篇）
(73) 仁者は難きを先にして、獲ることを後にす（『論語』雍也篇）
(74) 仁者は己立たんと欲して人を立て、己達せんと欲して人を達す（『論語』雍也篇）
(75) 『人物を修める』安岡正篤、致知出版社

第9章

(76) 《人々、とくに独自性への欲求が強い人たちは、評判という効用を得るために、個人の効用を犠牲にすることがある。／今回の実験でははっきりした結果が出たが、ひとつ疑問が残った。独自性欲求を望ましい特性と考えない文化では、人前で注文する場合、グループへの帰属意識を示すために、ほかの人に同調したものを選ぶのではないかという疑問だ。香港で実験をおこなったところ、実際にそのとおりであることがわかった。》（『予想どおりに不合理』ダン・アリエリー／熊谷淳子訳、ハヤカワノンフィクション文庫）
(77) 君子は義に喩り、小人は利に喩る（『論語』里仁篇）

(78)《帰国子女は一般学生に比べて自己主張する傾向にあるのだが、攻撃性は帰国子女の方が一般学生より低いというデーターがある。》(『イギリスのいい子　日本のいい子』佐藤淑子、中公新書)

(79)寛にして栗、柔にして立、愿にして恭、乱にして敬、擾にして毅、直にして温、簡にして廉、剛にして塞、彊にして義。(『書経』皐陶謨)

第10章

(80)公益財団法人渋沢栄一記念財団「合本主義」研究プロジェクトについて
https://www.shibusawa.or.jp/research/newsletter/759.html

(81)子曰く、「君子は争う所なし。必ずや射か」(『論語』八佾篇)

(82)子曰く、「唯だ女子と小人とは養い難しとなす。これを近づくれば則ち不孫、これを遠ざくれば則ち怨む」(『論語』陽貨篇)

(83)『青淵回顧録』渋沢栄一、青淵回顧録刊行会、引用者訳

(84)『現代語訳 論語と算盤』渋沢栄一/守屋淳訳、ちくま新書

ちくま新書
1474

『論語《ろんご》』がわかれば日本《にほん》がわかる

二〇二〇年二月一〇日　第一刷発行

著　者　守屋 淳（もりや・あつし）
発行者　喜入冬子
発行所　株式会社 筑摩書房
東京都台東区蔵前二―五―三　郵便番号一一一―八七五五
電話番号〇三―五六八七―二六〇一（代表）
装幀者　間村俊一
印刷・製本　三松堂印刷 株式会社

ISBN978-4-480-07281-8 C0210

827
現代語訳 論語と算盤
渋沢栄一
守屋淳 訳
資本主義の本質を見抜き、日本実業界の礎となった渋沢栄一。経営・労働・人材育成など、利潤と道徳を調和させる経営哲学には、今なすべき指針がつまっている。

766
現代語訳 学問のすすめ
福澤諭吉
齋藤孝 訳
諭吉がすすめる「学問」とは？ 世のために動くことで自分自身も充実する生き方を示し、激動の明治時代を導いた大ベストセラーから、今すべきことが見えてくる。

861
現代語訳 武士道
新渡戸稲造
山本博文 訳・解説
日本人の精神の根底をなした武士道。その思想的な源泉はどこにあり、いかにして普遍性を獲得しえたのか？ 世界的反響をよんだ名著が、清新な訳と解説でいま甦る。

877
現代語訳 論語
齋藤孝 訳
学び続けることの中に人生がある。――二千五百年間、読み継がれ、多くの人々の「精神の基準」となった古典中の古典を、生き生きとした訳で現代日本人に届ける。

912
現代語訳 福翁自伝
福澤諭吉
齋藤孝 編訳
近代日本最大の啓蒙思想家福沢諭吉の自伝を再編集&現代語訳。痛快で無類に面白いだけではない。読めば必ず、最高の人生を送るためのヒントが見つかります。

1348
現代語訳 老子
保立道久 訳・解説
古代中国の古典「老子」。二千年以上も読み継がれてきたそのテキストを明快な現代語に解きほぐし、老子像を刷新。また、日本の神話と神道の原型を発見する。

890
現代語訳 史記
司馬遷
大木康 訳・解説
歴史書にして文学書の大古典『史記』から「権力」と「キャリア」をテーマにした極上のエピソードを選出し、現代語訳。「本物の感触」を届ける最上の入門書。

ちくま新書

1079
入門　老荘思想
湯浅邦弘

俗世の常識や価値観から我々を解き放とうとする「老子」と「荘子」の思想。新発見の資料を踏まえてその教えをじっくり読み、謎に包まれた思想をいま解き明かす。

990
入門　朱子学と陽明学
小倉紀蔵

儒教を哲学化した朱子学と、それを継承しつつ克服しようとした陽明学。東アジアの思想空間を今も規定するその世界観の真実に迫る、全く新しいタイプの入門概説書。

1292
朝鮮思想全史
小倉紀蔵

なぜ朝鮮半島では思想が炎のように燃え上がるのか。古代から現代韓国・北朝鮮まで、さまざまに展開されてきた思想を霊性的視点で俯瞰する。初めての本格的通史。

1099
日本思想全史
清水正之

外来の宗教や哲学を受け入れ続けてきた日本人。その根底に流れる思想とは何か。古代から現代まで、この国のものの考え方のすべてがわかる、初めての本格的通史。

1343
日本思想史の名著30
苅部直

古事記から日本国憲法、丸山眞男『忠誠と反逆』まで、日本思想史上の代表的名著30冊を選りすぐり徹底解説。人間や社会をめぐる、この国の思考を明らかにする。

1287-1
人類５０００年史Ⅰ
――紀元前の世界

出口治明

人類五〇〇〇年の歩みを通読する、新シリーズの第一巻、ついに刊行！　文字の誕生から知の爆発の時代まで紀元前三〇〇〇年の歴史をダイナミックに見通す。

1287-2
人類５０００年史Ⅱ
――紀元元年～１０００年

出口治明

人類史を一気に見通すシリーズの第二巻。漢とローマ二大帝国の衰退、世界三大宗教の誕生、陸と海のシルクロード時代の幕開け等、激動の１０００年が展開される。